企業における人事とは

—これから人事部門で活躍する人に—

横山 俊宏

東京図書出版

はじめに

「辞令　○月○日付『人事部人事課』配属とする」「エッ人事ですか」

そもそも人事とは何をやる部門なのか。異動の命令、給与の支給？　他の部署にいたら人事が何をしているかはあまり興味がない。そういえば採用の時にお世話になったくらいの認識である。

かくいう私も、入社5年目に人事部門に配属になった時に、入社後初めて人事を訪れた。人事に配属になって実務は計画的な研修プログラムによって指導を受けたが、そもそも人事とはということに関しては、時間をかけて自ら考え、学ぶことになった。

以来、人事経験は長いが、考えれば考えるほど人事の職務は幅が広く、奥が深い。そして何よりも難しいというのが実感である。

このメモは、新たに人事部門に配属になった人に「人事」とは何かを考えてもらうために、また実務経験のある人には概念の整理に、さらには関連会社などに出向して初めて人事に携わる人に、少しでもお役に立てればとの思いで書いた。

なお、個々の仕事の詳細に関しては、法令、各企業における制度やマニュアルにお任せする。

企業における人事とは

―これから人事部門で活躍する人に―

◇目次

はじめに …… 1

第1章 会社とは、経営とは …… 13

1 経営の基本を確認する
2 成長に向けて
3 経営資源ありき
4 企業は組織と階層からなる

第2章 経営資源としての人材 …… 27

1 人材の特性を知る
2 社員は個性　個性は多様
3 社員の想い
4 得心と成長

第3章 人材のサイクルと人事 …… 34
1 人材のサイクルを見る
2 人材のサイクルと人事の仕事
第4章 人材の確認 …… 38
1 雇用形態を見る
2 人材の状況を確認する
3 組織図の確認と配置状況
第5章 社員の資格区分 …… 44
1 職務遂行能力による区分
2 人事管理の柱となる制度
3 職務を中心とした人事管理

第6章　人材の確保　採用……50
1 新卒・若年者の採用
2 補充や即戦力としての中途採用
3 M&Aや業務提携
4 会社をありのままの姿で
第7章　人材の活用　配置・異動……58
1 新卒・若年者の配置
2 定期異動とは
3 戦略的配置こそ重要
4 目玉の人事
5 適応できない場合の配置転換
第8章　人材の活用　管理職任命……64

1 組織と管理職
2 管理職の役割と期待されるもの
3 管理職の登用選考
4 管理職と部下の組み合わせ
5 管理職研修を徹底する

第9章 人材の回収 人事考課……73
1 人材を回収し、評価する
2 あらゆる人事制度の核となる
3 二つの評価 実績評価と能力評価
4 管理職の評価
5 評価におけるいくつかの留意点
6 「表彰」も評価の一つ

第10章　人材の回収　適性把握と自己申告……90
1 適性を把握する
2 自己申告　本人の状況を聞く
3 適性と意欲と配置
4 進むべき方向
5 戦略的育成と適性

第11章　人材の処遇　給与・手当・賞与……98
1 人件費とは
2 給与と賞与、諸手当
3 基本の確認
4 人件費の経年把握

第12章　人的（労働）生産性という視点……106

1 二つの視点
2 分母となる人材
3 物的労働生産性を見る
4 質的労働生産性を見る
5 二つの側面から見る
6 労働分配率

第13章 能力開発 …… 113

1 能力開発とは
2 力をつけた時
3 課題解決こそがすべて
4 マンネリを見抜く、防止する
5 能力開発とキャリアビジョン・キャリアパス
6 昇格の時こそ

第14章 教育訓練・研修……126
1 教育訓練・研修は能力開発のサポート
2 OJTが基本
3 ONからOFFへ
4 集合研修
5 その他のOFF・JT
6 自己啓発を支援する
第15章 後継者の育成……138
1 最も大切な後継者の育成
2 役割の違いの再確認
3 必要とする基本資質と姿勢
4 人材の適性を見抜く
5 後継者育成と時間

6 後継者が育つ環境と計画的育成

第16章 経営理念とその継承 …… 148
1 人材の多様性を、自由度をもって束ねる
2 企業の衰退は理念からの逸脱で始まる
3 語ることにより継承される理念

第17章 人事担当者の在り方 …… 152
1 人事部門の役割
2 人事担当者の視点
3 人事担当者としての想いと基本姿勢

これからの人事を考える …… 158

第1章　会社とは、経営とは

1 経営の基本を確認する

まず人事とは何かを考える前に企業経営を概略し、その後経営との関係で人事を見ていきたい。

会社の存在価値は「継続」「安定」「成長」にある。お得意様も株主も協力会社も、そして何よりそこで働く社員が、会社が継続する、安定している、そして成長することを望んでいる。この場合の継続、安定、成長とは、基本的にはそれを可能とする適正利益である。

社員の立場で言えば、業績が安定し、成長しているからこそ給与も賞与も期待できる。今期は業績がよかったから賞与を弾む、今期は業績が極めて悪いから賞与はなしでは安定した生活はおくれない。これは取引をする得意先、協力会社、さらには株主にとっても同じことが言える。

キーワードの確認

■適正利益
■継続　安定　成長

2 成長に向けて

(1) 成長への努力

会社が継続、安定、成長するためには、「市場の中でお客様に、競合他社でなくわが社を選んでもらうこと、そして『さすが○○さんの会社は、製品やサービスが違うね』と言ってもらい、リピーターになってもらうこと」にある。

このためには、常に市場の中で競合他社より優位な状況を作り出す必要がある。優位を生み出してこそお客様を引き付け、結果として成長を促す。この成長のための努力があって初めて継続、安定も可能となる。これが経営である。

しかし世の常、成長のための努力が必ずしも実を結ぶとは限らない。それが辛いところであるが、成長への努力がなければ継続・安定すらおぼつかない。

キーワードの確認

■市場　お客様　競合他社　リピーター
■競争原理
■成長への努力

(2) 成長をもたらすために

継続・安定のための成長への努力、このために企業は先を見ながら事業を展開する。事業内容は各企業によってそれぞれだが、どの企業にとっても日々変わる環境に適応するとともに、時代を先取りして初めて成長が可能となることは間違いない。

このための基本となることがある。

□環境変化を察知、予測する
□市場競争の中で勝ち抜く、お客様に選ばれるための戦略を立てる
□戦略を具現化する研究、開発、商品化をすすめる
□意図したものをコスト、期日、数量等に合わせて製造する
□市場に出すタイミングとお客様に説明責任をもって売り込む

▫本当にお客様の期待に応えているかのフォローアップをおこなう

これは、経営のＰＤＣＡ（Plan・Do・Check・Action）である。

キーワードの確認

▪変化の察知、予測
▪適応、先取り、戦略
▪経営のＰＤＣＡを回す

3 経営資源ありき

(1) 経営資源を確保する

さて、いくら成長プログラムが描けても、現実にそれを実行するための資金がなければ話にならないし、商品化もできない。製造するにあたって、場がなければ製品はできない。活動す

図１　経営のPDCA

るには、まずモノやサービスを生み出すための経営資源が必要である。

経営資源にはいろいろなものがある。経営資源の3要素と言われている「人」「物」「金」、さらには時間、技術、情報、ネットワーク、また信用、ブランドなどのように目に見えないものもある。

企業活動、成長戦略のために投入する、または活用しうるすべてのものを経営資源と捉えればよい。

そのうえで重要なことは、まず会社が何を持っており、何を持っていないのかを明確にし、戦略に対応して強みを自覚して、不足を補うことにある。

キーワードの確認

- 人、物、金、時間、技術、情報、ネットワーク、信用、ブランド……

(2) 経営資源とそのサイクル

確保した経営資源は経営方針や経営戦略のプログラムに投入され、活用されてはじめて成果をあげ、その結果としてお客様満足、市場優位を生み出す。企業はこの繰り返しの中で収益を上げ、適正利益を確保する。

さてこの時重要なことは、投入された経営資源は活用されたのち必ず回収されなければならないということである。しかも、価値の増大を伴ってである。そして、回収された経営資源を次の成長戦略に再投入し、さらなる継続・安定・成長を図る。これが企業活動であり、経営資源のサイクルである。

投入された資金が利益をもたらせば大きな回収であるし、投入前より信用が高まり、ネットワークが広がればこれは素晴らしい。逆に投入した資金が利益を生まなければ、資金は目減りすることになるし、不祥事によって問題を起こせば信用という経営資源は大きく価値を下げる。また、経営資源は持っていても活用されなければ利益を生まない。それどころか目減りし、陳腐化する。これらのことを肝に銘じなければならない。

キーワードの確認

- 経営資源の投入、活用、回収
- 経営資源価値の向上

経営資源のサイクルを図示すると、次の通りである。

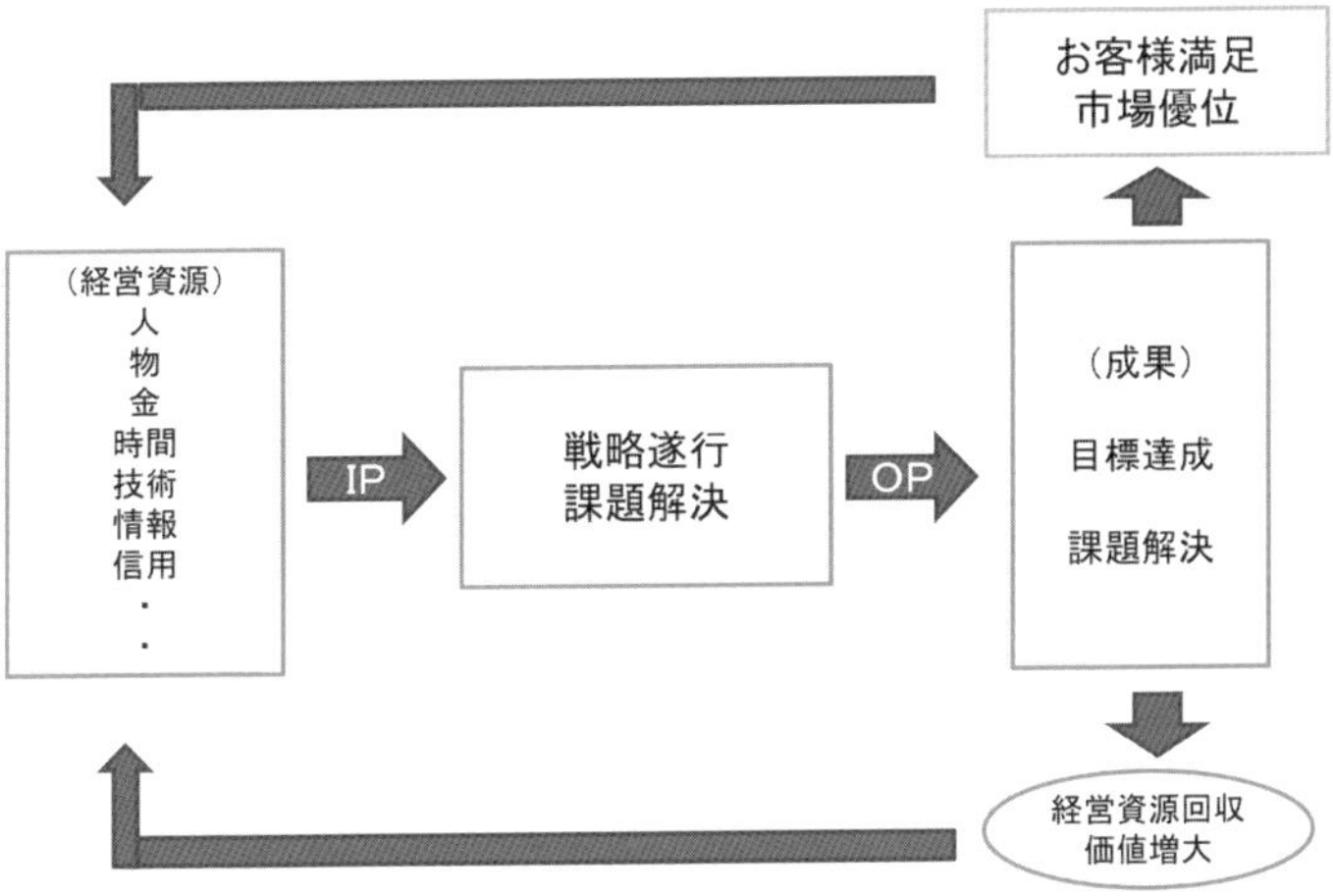

図2　経営資源の投入と回収

4 企業は組織と階層からなる

(1) 組織化とは

企業は組織化されている。組織とは、企業が目的を効率的、効果的に達成するための経営資源、特に人材活用の仕組みであり、組織化とは経営資源活用の仕組みを、事業や戦略に対応させてその構造をデザインすることである。

組織の在り方は、製造業、サービス業など業種によって当然異なる。同じ業種でも会社によって異なるし、市場や顧客、戦略などによっても様々である。また、同じ会社であっても事業内容等によって異なるし、戦略の変更などによっても変わる。

自社がどのような、またなぜこの組織形態をとっているのか理解する必要がある。

- 市場の状況
- 事業の形態
- お客様との関係
- 企業戦略等

- 事業部制（地域別、商品別……）

- ライン＆スタッフ
- 静的組織（恒常的）・動的組織
- プロジェクトチーム・タスクフォース
- 子会社化

(2) 階層と役割の違い

どのような組織構造を取ろうとも必ず組織は階層化されている。

（経営層）――（部）――（課）――（一般層）

（経営層）――（事業本部）――（部）――（課）――（一般層）

階層が多い会社もあれば、少ない会社もありいろいろである。ＩＴなどの普及により階層を減らすフラット化の傾向にあるが、どちらにしても階層はある。また、企業規模が大きくなればなるほど階層は増える傾向にある。

経営者層の下に位置付けられる部や課は階層ごとの組織の単位であり、この組織の長を一般に管理職という。部長、支店長、事業本部長、室長、課長、マネージャー、グループリーダーと会社によって呼称はいろいろである。これに東京支店長、企画室長、人事課長、営業グループリーダーなどと役割が限定されて示されたものを役職（役職名、ポストとも）という。

例えば、東京支店長という役職であれば東京を管轄する管理職という位置付けといえる。そして、この組織単位ごとに経営資源が分割され、人材が配置されるとともに、職務権限が付与され、受け持つ組織を機能させることになる。

ところで当たり前のことであるが、次の組織構造図からもわかるように課は一般層と、部は課と同一レベルにない。これは階層によって役割は異なることを意味する。部長と課長では役割が異なる。この認識が人事を考えるうえで極めて重要である。

▫経営層の役割
会社を継続・安定・成長に導くために経営理念、ビジョン、経営方針、経営戦略などを策定する
▫部長の役割
経営資源の分割を受け、自ら目標、方針、戦略を策定し、組織を動かして、目標を達成する
社内的にも、対外的にも会社の顔としての責任を負う
▫課長の役割
組織の最小単位の長として部下を直接管理、活用し目標達成、課題解決にあたる

(3) 階層とリスクと創造性

先に見たように、階層を重ねる組織と階層をできるだけ少なくしたフラット型の組織がある。

階層を重ねるということは極端に言えば、下位の者の提案に対して各階層がチェックすることにより、その提案が持つリスクを減らす方向に機能する。リスクチェックには良いが、下位の者の鋭い提案はいつの間にかそぎ落とされて、ありきたりの内容になりかねない。

いま形式的なリスクマネジメントは、業務のＩＴ化やＲＰＡ(Robotic Process Automation)の推進により人の手から徐々に離れ、リスクマネジメントの在り方そのものを大きく変えつつある。

一方、フラット型の組織を見てみよう。

階層が少ない分、個人の提案はそのまま直接上にあげられる。その鋭さや新しい視点は、リスクはあるものの大きな可能性をもたらすことが予想される。また当然のことだが、階層に対するこだわりが少なくなり、自由度が高まり、活発なコミュニケーションや創造的活動が期待できる。

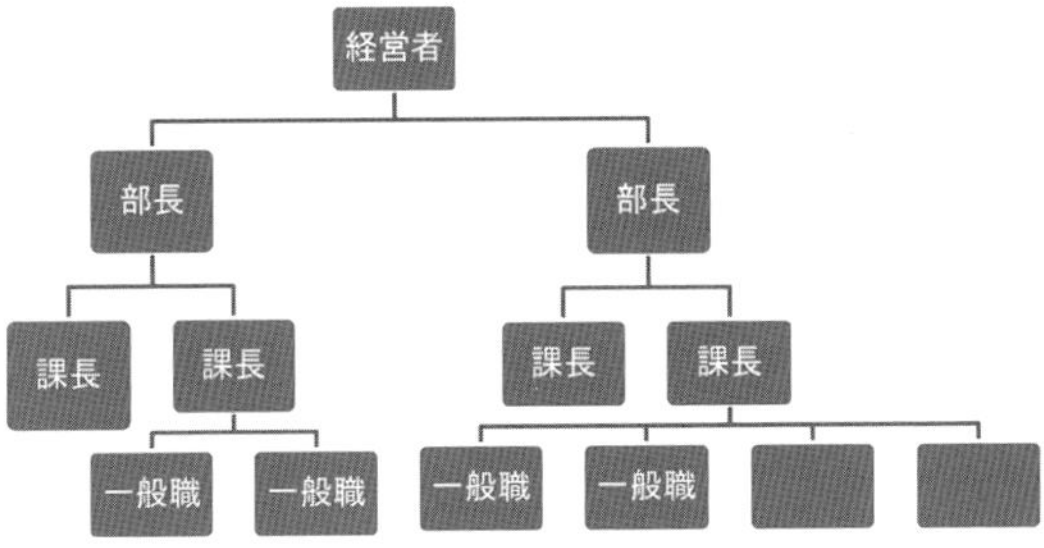

図３　組織と構造（イメージ）

上位職はこの自由度を受け入れる度量の大きさとリスクを見極め、リスクをとるという腹括りが必要となる。

この腹括りのためには、部下の専門性をはじめとしてその能力をしっかり把握し、課題と役割と権限を付与し任せるということが要求される。管理職に要求されるマネジメント能力も大きく変わる。

このように組織の在り方はその長とともに企業のマネジメントを変え、企業の文化を変えていくことになる。

キーワードの確認

- 組織とは経営を機能させる枠組み
- 階層によって異なる役割
- 組織は企業文化を変える

＊確認しておきたいキーワード

「会社とは、経営とは」から導き出したキーワードは、人事の役割を果たすうえで常に意識をする必要がある。

- 適正利益
- 継続、安定、成長
- 市場、お客様、競合他社、リピーター
- 競争原理
- 成長への努力
- 変化の察知、予測
- 適応、先取り、戦略
- 経営のＰＤＣＡを回す
- 人、物、金、技術、情報、ネットワーク、信用、ブランド……
- 経営資源の投入、活用、回収
- 経営資源価値の向上
- 組織とは経営を機能させる枠組み

■ 階層によって異なる役割
■ 組織は企業文化を変える

コラム

目に見えなくなる組織

多くの会社においてはオフィスの中に入れば組織が見える。入り口から一番奥に部長の席があり、その前に課長の席が、そしてその前に一般職の、極端に言えば年次により席が決まっている場合もある。

しかし今は、フリーアドレスに見られるようにどこに誰が座っても良く、誰が課長かも見た目ではわからないようなスタイルをとっているオフィスもある。更にはコロナが促した在宅勤務となるとその場に社員がいないわけで、組織は目で見ることができない。

課題解決型の職務やプロジェクトチーム、さらには他社との協業となるとさらに組織は見えなくなる。

組織に対する固定概念を捨て、新たに組織とは何かを考える時代に入ったといえる。

第２章　経営資源としての人材

ここからが本題である。

経営資源を見たときに「人」が最初に出てくるが、これは当たり前のことである。「金」があり機会があっても、人がいなければ何も始まらないし、機能しない。活動の基本は人にあるからこそ、一番初めに出てくるのである。

この経営資源としての「人」を対象とした職務を担うのが人事であり、人事部門である。先ほどの「キーワード」を常に頭に描きながら人事の職務を見ていきたい。

まずは個別の職務に入る前に経営資源としての人（以後、人材、社員、従業員）の特徴を見ておきたい。

1 人材の特性を知る

経営資源としての「金」は、１００円なら１００円でその額面は変わらない。製造機械なら機械で、その仕様と性能、稼働時間等で活動量や製造量は決まる。

しかし、「人材」は簡単ではない。これは自分自身を見てみれば容易に理解できる。

- □入社から退職まで長期間活動する
- □能力は無限大に拡大する
- □時に考えられないような力を発揮する
- □組み合わせにより1＋1＝2以上の力を発揮する
- □柔軟でどこでも転用が利く
- □判断力を有し、主体的・自主的に活動する……

このように素晴らしい特性を有する。しかし、一方では次のような難しい課題を抱える。

- □中途退職する
- □意欲に欠けると持てる力も発揮できないし、しない
- □組織の中でうまくいかない、人の足を引っ張ることもある
- □配置転換を嫌がる
- □指示待ちで、自主的に動けない
- □マンネリに陥る……

経営資源としての人を「人材」と表現しているが、他の経営資源と違って「もの」ではない。人は何より「生身」であり、「人格」であり、「個性」的存在であり、「意見」を有する。

このことをしっかり認識することが極めて大切なことであり、「人」を考えるうえでの第１のポイントである。

2 社員は個性　個性は多様

企業で働く人は様々だ。社員が１００人いれば、１００人皆それぞれ異なる。一人ひとりが個性・特性を有する。この１００人を全体で見れば多様ということになる。

育った文化も違えば、働くことに対する価値観も違う。雇用形態もいろいろだし、会社の制度や仕組み、それぞれの専門も異なるとなれば多様さは更に増す。しかし、皆同じ会社で働く社員であることには変わらない。

皆違う、多様ということを認識することが「人」を考えるうえでの、第2のポイントである。

- 正社員・地域限定社員・出向社員・契約社員・派遣社員・パート・アルバイト
- 新卒採用・中途採用
- 専門分野、出身学部

□出身地
□興味・関心
□国籍
□宗教
□職業観
□価値観、人生観……

③社員の想い

経営資源という目で人を見てきたが、立場を変えて社員の立場で見てみると、これはまさに自分自身のことになる。

この会社で働くことを決めて入社する。さてどんな想いなのか、どんなことを考えるのか。

□安定した生活、バランスの取れた生活をしたい
□給与をもっと上げてほしい
□やりがいを感じられる仕事、やりたいこと、適性に合った仕事をしたい
□成長したい、自分の想いを仕事で実現したい……

アブラハム・マズロー（１９０８－１９７０　A. H. Maslow　アメリカの心理学者）は、彼が唱えた欲求段階説の中で、人間の欲求は５段階のピラミッドのようになっていて、底辺から始まって、１段階目の欲求が満たされると、１段階上の欲求を志すと述べている。

そして、人間の欲求の段階は次の五つとする。

「生理的欲求」
「安全の欲求」
「親和の欲求」
「自我の欲求」
「自己実現の欲求」

「生理的欲求」と「安全の欲求」は、人間が生きる上での衣食住等の根源的な欲求、「親和の欲求」とは他人と関わりたい、他者と同じようにしたいなどの集団帰属の欲求で、「自我の欲求」とは自分が集団から価値ある存在と認められ、尊敬されることを求める認知欲求のこと、そして、「自己実現の欲求」とは自分の能力、可能性を発揮し、創造的活動や自己の成長を図りたいと思う欲求のことである。

人によって何にウエートを置くかはそれぞれだが、やはり生活の継続・安定の上で、自己にとっての創造的仕事、成長が図れる仕事がしたい、こんなふうに理解できるのではないか。

この社員の想いをしっかり認識することが「人」を考えるうえでの、第3のポイントである。

4 得心と成長

経営資源の中でも活用によって大きく差異の出るもの、それが「人」である。

会社は社員が最大の能力を発揮し、それが業績向上や成長に結びつき、そしてさらに力をつけてより大きく活躍をしてくれることを期待する。

一方社員は、生活の継続・安定の中でやりがいがあると感じる仕事で、成長をしたい。この両者の想いが合致する、これが社員と会社の両者の

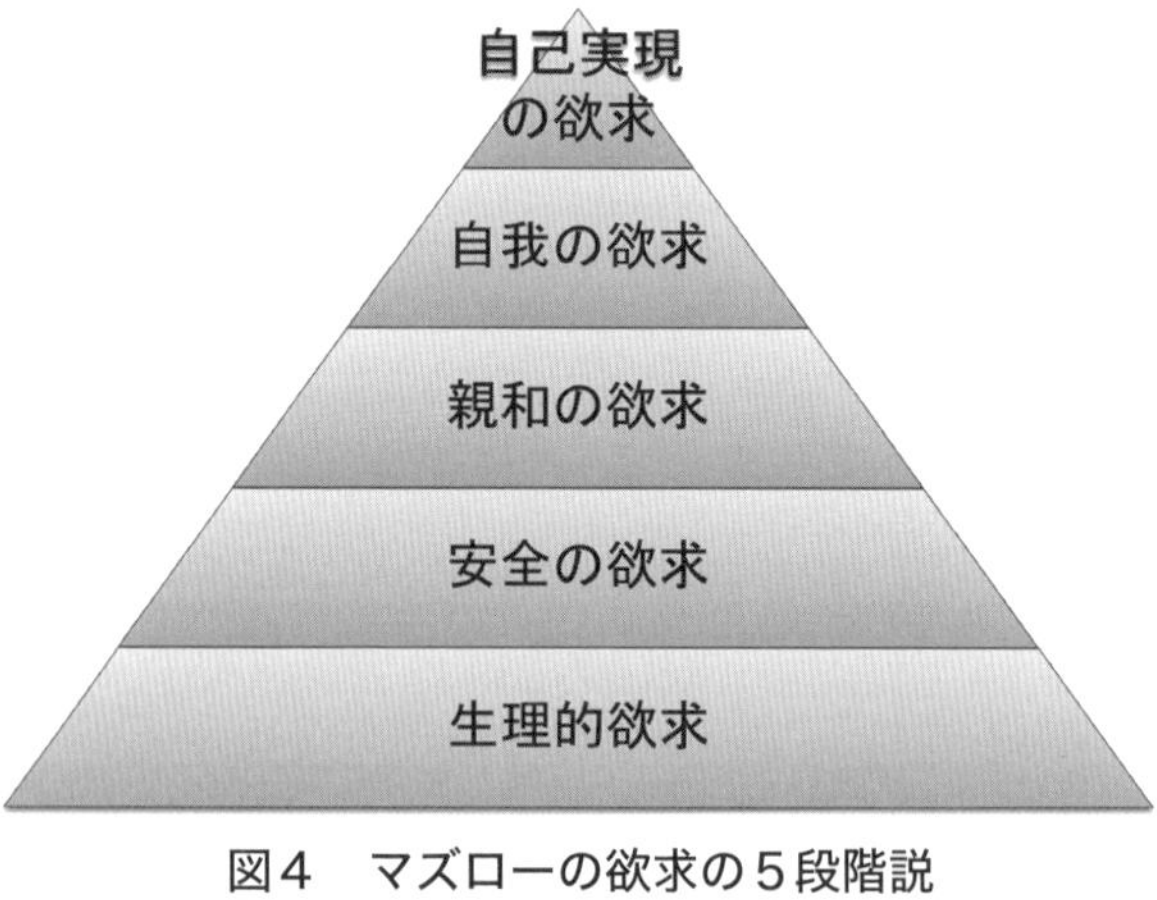

図4　マズローの欲求の５段階説

「得心と成長」である。

この両者をマッチングさせる、これが人事の仕事であるが、人事の在り方、機能の仕方によって、または役割の果たし方によって、社員の満足も異なり、組織のパフォーマンスも変わる。

社員が満足し、自分自身の成長を感じ、会社は業績を上げる。これを最大にするのが人事の基本である。

- 人材は生身、人材は人格、人材は個性、人材は意思
- 得心と成長

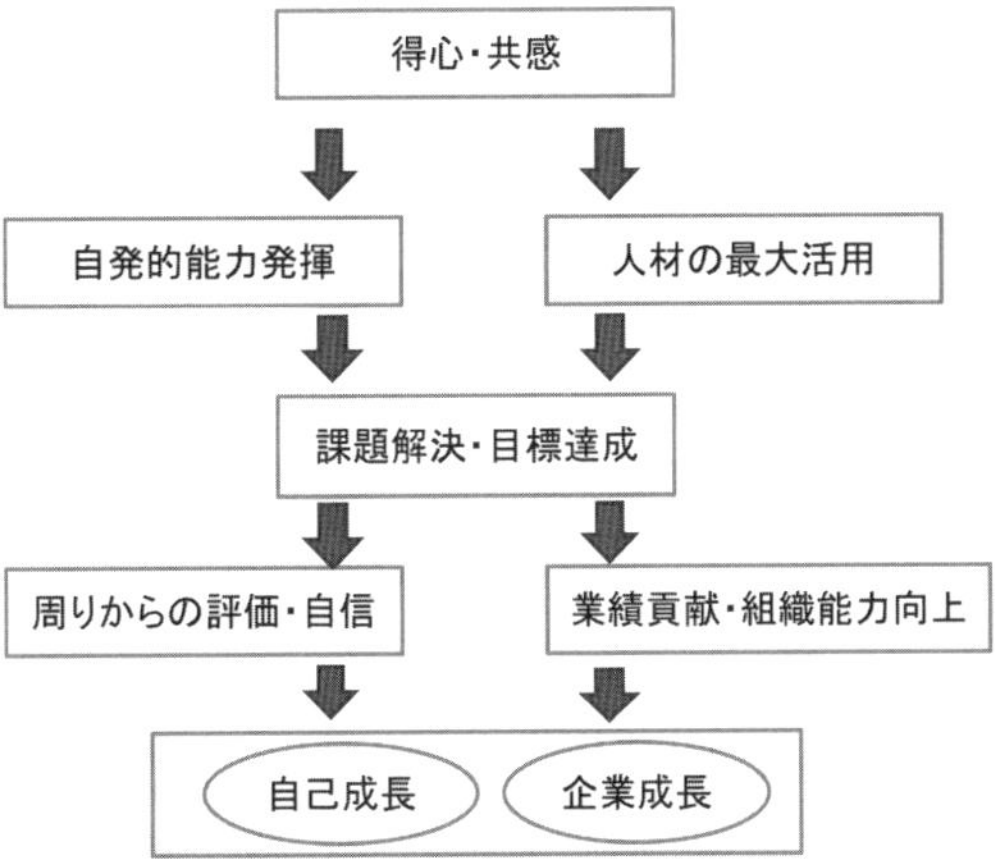

図5　得心と成長

第3章　人材のサイクルと人事

1 人材のサイクルを見る

企業は継続・安定・成長を目指して経営資源を確保、活用し、価値が向上した状況で回収し、次のステージへ再投資する。これは先に見たとおりである。

これを人材という経営資源で見てみると、会社は人材を確保し、成長戦略に投入、活用し、成果を生み出す。そして場数を踏んで、職務遂行能力を高めた状況で回収し、さらなる上を目指して活用する。

これは他の経営資源のサイクルと同じである。企業における人材活用のＰＤＣＡともいえる。

このサイクルを図示すると次のようになる。

2 人材のサイクルと人事の仕事

前記の人材のサイクルを機能で分解すると、人事の仕事や役割が見えてくる。人材の確保は

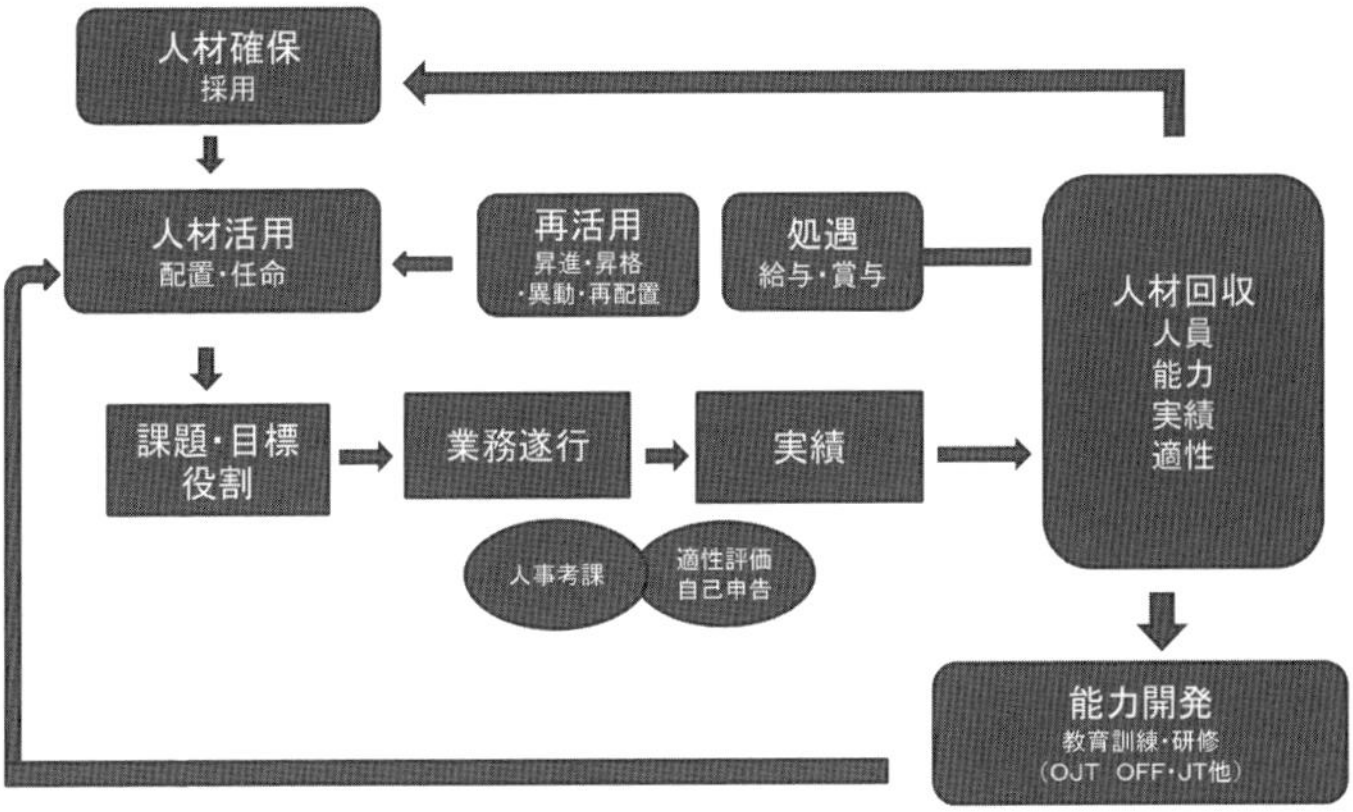

図6　人材のサイクルと人事の機能

採用であり、人材の活用はすなわち配置や異動、そして人材の回収は人事考課……。

しかし、忘れてならないことは、機能で分解して仕事や役割が決まっても、これらの業務はすべて一連のもの、この認識がないと単に縦割りの組織や職務となり、人事の本質を見失う。

大きな会社になると、人事部の中に人事課、給与課、厚生課、研修課などと組織が複数で構成されている。確かに専門性や効率性を考えるともっともである。しかし、人事本来の目的は経営資源としての人材がいかに成果を生み出すか、そして投入した経営資源としての人材がいかに成長するかにある。このことはしっかり認識したい。

このことを認識したうえで、人材のサイクルを追いながら主だった人事の仕事を相互に関連づけながら見ていく。


（人事の主な仕事）

①人材の確保　採用
②人材の活用　配置・異動・任命
③人材の回収　人事考課・適正評価・自己申告
④人材の処遇　給与、賞与
⑤能力開発
⑥教育訓練・研修

⑦後継者育成・経営理念

　下の図を見ても人事の仕事がいかに多彩で、それぞれに専門性が高いかがわかる。しかし職務細分化は専門分野におけるリスクチェックは働くが、専門性を串刺しにする課題解決に対してはどうか。企業環境が激変する中にあって人事部門においても課題解決のための専門を超えたチームやタスクフォースが必要であるし、組織化する必要が出てきている。

　そのためにも、人事とは何かをしっかり身につけて、常に全体を見ながらそれぞれの仕事に課題解決的に取り組みたい。

■人材は、回転してこそ活きる

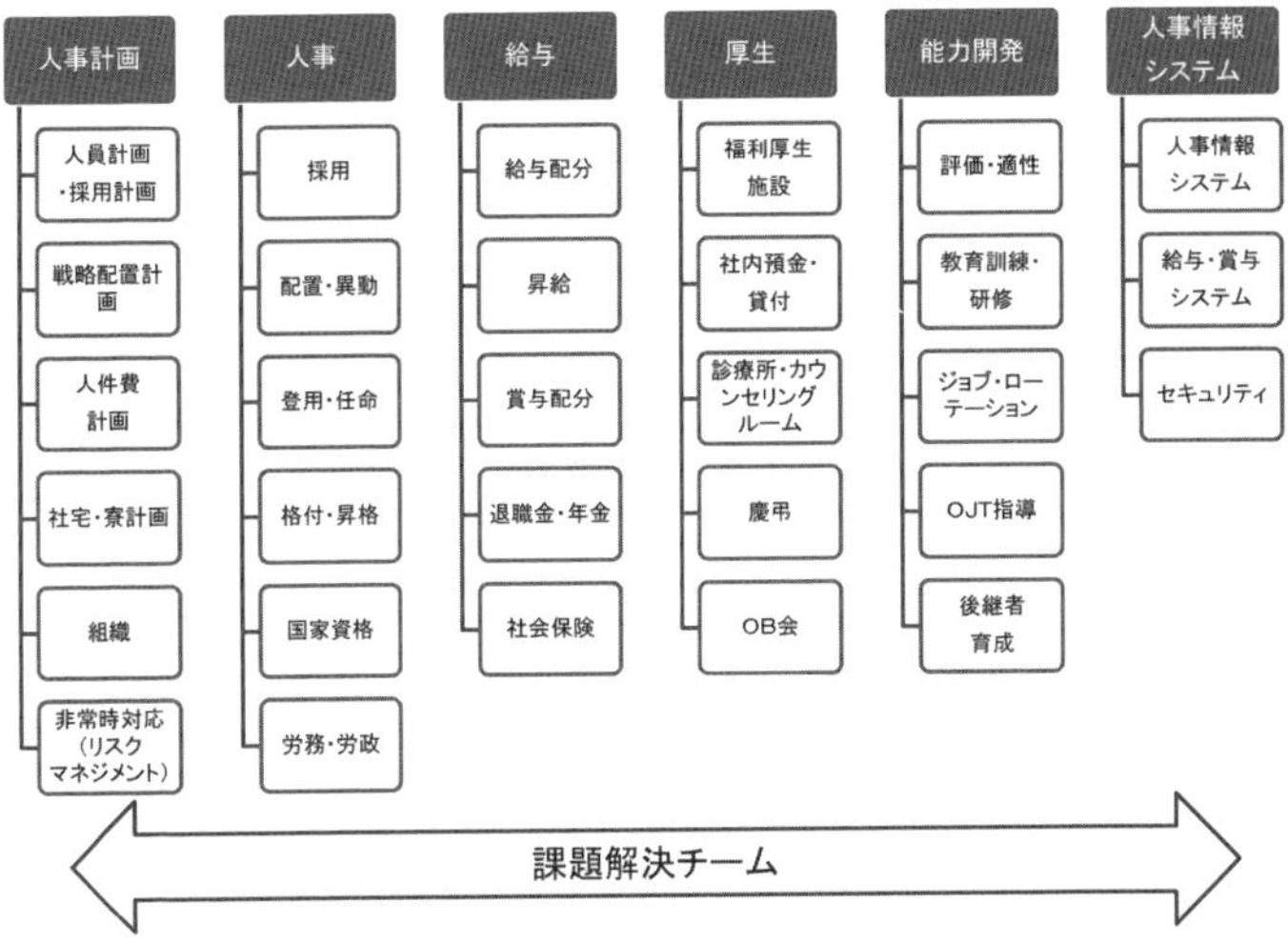

図7　人事の機能と区分

第4章　人材の確認

人事の仕事でいちばん最初にやらなければならないのが、経営資源としての人材の状況把握である。

経営の継続、安定、成長を支える人材の現状はどうか、何が十分で何が不足しているか。また、過去からの流れとこのまま推移したときの課題など、人事のどの職務においても基本となる事項であり、この確認なくして効果的人事の施策は打てない。

1 雇用形態を見る

最初に、どのような雇用形態（従業員区分）があるのか見てみる。定年までの長期間の雇用もあれば、地域限定や時間に対してフレキシブルな雇用、期間を限定しての雇用、さらには専門のアドバイザーのように非常勤の場合もある。また、労働者派遣法に基づく派遣社員や雇用ではないが業務委託といった形態もある。

期間限定社員や契約社員、形態は違うが派遣社員は、ある期間が来たら契約が終了となるため、人から人への業務やノウハウの引き継ぎは難しい。このためマニュアルの充実やそのメンテナンスによる業務の継続性確保が重要となる。

また、業務委託や外注は仕事内容と費用が合えば専門性が期待できるし、管理は楽である。しかし、仕事とそのプロセスは社内にはなく、当然のことであるが知識、情報、ノウハウは社内には蓄積されない。同時に、外注先の倒産や情報セキュリティなど注意を要する。

子会社への業務委託等であれば知識、情報等はグループ内に保有され、単なる外注よりデメリットを回避することができる。

また、常時必要としないが、その時その時で専門的アドバイスなどを必要とする場合は、非常勤顧問などとして契約する場合もある。

企業によって呼び名も形態もいろいろであるが、これら雇用形態のメリット、デメリットを理解したうえで、企業の方針、戦略に応じてうまく組み合わせ人材を雇用し、活用する必要がある。またこれからの時代、雇用の柔軟性と処遇の公平性がより強く求められる。会社にとっても働く人にとっても魅力的な新しい雇用の在り方を検討する必要がある。

①正規社員
②地域限定社員
③フレキシブル勤務社員

④時間勤務社員
⑤期間限定社員
⑥契約社員（一般・専門）
⑦嘱託・非常勤
⑧アルバイト
⑨人材派遣
⑩業務委託、コンサルタント契約
⑪外注

2 人材の状況を確認する

雇用形態の確認ができたら、次にそれぞれ現状がどのようであるか確認する必要がある。これが企業における人材という経営資源の実態であり、戦力の実情といえる。

確認すべき主なものは次の通りであるが、現状と同時に経年の動きを確認しておく。特に戦略や将来を見据えて必要となる専門人材の確認は重要である。

①従業員数
②雇用形態別人員と割合
③職種別、専門別人員と割合
④年齢構成
⑤職能資格別人員構成
⑥国家資格等保有者
⑦年度採用者数（新卒・中途採用）
⑧退職者数
⑨離職率、特に新卒の離職率
⑩その他

3 組織図の確認と配置状況

会社は組織と階層で成り立っているとしたが、それを図に表したものが組織図である。多くの企業で組織は、新しい期に入るときに方針や戦略などに対応して変更される。

人事は、この組織に対しての任命と配置を行う。その人事施策の現状が組織に対応した人材の配置表である。

この組織図と人材の配置表は、人事施策の現状を示す最も重要なもの。この二つを常に頭に置いて、そのうえで次の内容を把握しておく。

①管理職数（部長、課長など）
②管理職比率
③管理スパン（1人の部長、課長、グループリーダーが束ねる部下の数）
④組織構造と人員配置状況

＊管理スパンと非常時

管理職の比率が高くなり、管理スパンが小さくなれば組織が細分化されていることを意味する。組織の細分化は、部門の壁が多くなり組織における人材活用範囲や効率が下がり、いざという時の機動力が阻害されることにもつながる。

例えば、東日本大震災のような場合を想定する。非常時対応のための人材の招集に声がかかる。しかし部下が2人しかいない場合、1人を出すと残った部下は定常業を2人分こなさなければならない。課を守る課長も部下も渋りがちとなる。これが7人の部下がいれば2人出しても残り5人なら協力して何とか対応できる。震災に限らず機動的に人を動かさなければならないことは多いが、小さな組織はいざという時の機動力にどうしても欠けることになるし、定常業務にも支障をきたす。

人員の配置状況等は常にアップデートされるとともに、だれもが一覧表として確認できることが重要である。

■人事の仕事は、毎日、組織図と配置表を見ることから始まる

第5章　社員の資格区分

この章からは、長期雇用を前提とした社員を対象に見ていくことにする。

1 職務遂行能力による区分

社員の職務遂行能力は経験を積むことによって伸長する。逆に言えば経験を積まないと伸びない。

その一つが知的側面である。知識や技術などは座学でも習得できる。しかし実際に仕事に適用して初めて知恵や技能や要領となり、新たな事態に対する応用力として働く。

いま一つ重要なのが、組織対応能力である。企業は組織化されており、組織の中での活動を基本としている。これも、組織の中で仕事をして初めて養われる。

これらの総合が職務遂行能力として活用され、パフォーマンスにつながる。

職務遂行能力の伸長は、入社後しばらくは入社年次や経験年数でも管理できる。しかし、勤続年数が長くなるにしたがって、本人の持ち味や能力の伸長にもバラツキが出て、年齢や経験年数だけに頼った管理に限界が生じる。

このため職務遂行能力をその到達レベルによって区分する、職能資格といわれる仕組みが必要となる。すなわち年齢や経験年数に代わってこの職務遂行能力を把握して、力量に応じて区分して、人事管理、人材活用、能力開発に資する制度である。

この区分を全社一つの体系に位置付ける場合もあれば、職種間で職務遂行能力の性格の違いが大きい場合は職種ごとの体系で位置付ける場合もある。

また、極めて専門性を重視する場合は専門性だけで区分することになる。今後この傾向は強まる方向にある。

一方多くの企業においては、役割の異なる管理職層や高度な専門職層（両者を合わせて役付層ともいわれる）も同様に体系付けられ、制度に組み込まれている。

[2] 人事管理の柱となる制度

この職能資格制度は、人事全体の活動の柱となる制度である。例えば給与を見てみる。そのほとんどの企業が、能力、すなわち職能資格が組み込まれた仕組みになっている。賞与の配分も基本はその能力レベル（資格）に対しての成果として支払われることになる。３年目と10年目の社員を同一の基準で評価することはあり得ない。

配置を考える時は、組織の状況に応じて能力バランスを考えて配置することになるし、管理職への任命に関してもそのポストの要請に基づき、対象者の能力や経験、特性を考慮して任命される。

さらには人材の育成を考えた時、能力レベルに応じた教育訓練や研修が実施される。特別の目的を持たない限り、10年目の社員と3年目の社員に一緒の研修は企画しない。

このように長期間の雇用の対象となる社員の人事管理は、能力レベルにおいて区分される職能資格を基本の柱として行われる。

最初にこの職能資格制度の説明を持ってきたのは、このような理由からである。

■職能資格は人事の枠組み、人事・能力開発の軸

3 職務を中心とした人事管理

いま職務を中心とした人事管理も多くなってきている。これは企業の職務を分割し、その職務の内容に対応した専門人材を募集、雇用、活用する形態をいう。個々の仕事内容を明確にしたうえで、それに対応する人材が役割を果たす。役割が果たせれば再契約となるが、果たせていないと判断したときには契約を解除し、新たな人材を雇用することになる。市場が育ってい

<table>
<tr><th colspan="2">資格等級
(経験年数目安)</th><th>職分</th><th>役職・肩書</th><th>キャリアステージ</th></tr>
<tr><td rowspan="4">役付職</td><td>4</td><td rowspan="4">管理職
専門職</td><td rowspan="4">部長
課長</td><td rowspan="4">管理・専門能力
発現期間</td></tr>
<tr><td>3</td></tr>
<tr><td>2</td></tr>
<tr><td>1</td></tr>
<tr><td>10年～</td><td>5</td><td rowspan="5">指導職
担当職
一般職</td><td>課長補佐
係長</td><td>能力発揮期間</td></tr>
<tr><td>６年～</td><td>4</td><td>係長
主任</td><td></td></tr>
<tr><td rowspan="2">２年～</td><td>3</td><td rowspan="2"></td><td rowspan="2">能力伸長期間</td></tr>
<tr><td>2</td></tr>
<tr><td>新入社員</td><td>1</td><td></td><td>基礎能力育成期間</td></tr>
</table>

図８　職能資格体系（イメージ）

ない分野や需要の多い分野での雇用は、思うほど簡単にはいかない。また、優秀人材であればあるほど、せっかく採用したのにより条件の良いところに移ってしまう。

一方、雇用される側にとっても常に将来に対する不安定さと緊張が伴うことになる。しかし在宅勤務などのテレワークが増えるとともに市場が育ち、人材が流動化し始めている今、新しい在り方ともいえる。

ただし、職務中心の人事管理の場合、第2章で見た人材の特性に基づく活用は制限されることになる。

どのような雇用形態や人事管理がよいかは、企業の継続・安定・成長をどのようにとらえていくか、企業の考え方や在り方による。

コラム

警察の階級（資格）

最も厳格な階級（資格）制度を持つ組織の一つが、ご存じの通り警察である。警察の階級（資格）は次の通りである。

巡査―巡査部長―警部補―警部―警視―警視正―警視長―警視監―警視総監

これは1系統の階級制度で、この階級（資格）に基づき、例えば○○署署長ならば警視からの任命などと明確に規定されている。

人の命を預かる仕事で組織、指揮命令系統の厳格さを要する警察の場合は、民間企業とでは大きく異なる。

人材の自由で、創造的で、自主的な活用を重んじる民間企業は、もう少しフレキシブルさが求められる。

会社の事業内容や在り方による職能資格制度を追求することが大切である。

第6章　人材の確保　採用

さて人材と職能資格制度の確認が終わったら、次は人材の確保である。どのような人材を何人確保、採用するかは経営方針、経営戦略にとって最も重要なことである。

採用する対象やその採用方法もいろいろで、毎年行う定期的採用もあれば、期中の過不足を補う採用、経営戦略上必要な即戦力の採用などいろいろである。最近では新卒という狭い括りでなく、もう少し広くとらえ若年者としての通年採用も活発化してきている。

どちらにしてもそのねらいは必要とする優秀人材の計画的確保にある。

1 新卒・若年者の採用

(1) 継続採用の重要性

最初に新卒・若手人材の採用を考えたい。企業は継続・安定・成長を目指す。継続するためには、継続的に人材を確保、補充しなければならない。新卒で入社したら、転職しなければ同じ会社で長期間働き、企業を支えることになる。

一方、企業を取り巻く環境は時間の流れの中で大きく変化する。当然のことだが、この企業環境の変化に対応する若い人材は是非必要である。組織が新しい感性、若いエネルギーを補充し、新陳代謝をするからこそ変化に対応でき、組織も活気づく。後輩がここ5年入ってきていないではいかにも寂しい。

さらには、第一線で活躍する課長を見てみる。課長となるとプレイングマネージャーとして市場やお客様、競合他社情報、さらには内部の状況等に精通する必要がある。それを考えるとある程度、同一会社でのキャリアや場数が必要となる。課長の後継者をと考えると継続的採用がどうしても必要となる。

ここ5年新卒採用を行わなかった場合を考えてみる。このまま行ったら10年後に課長のポストにつける人材はいないことになり、その時期に慌てることになる。中途採用は有効であるが、それだけでは企業の継続・安定・成長が人材面でおぼつかない。

⑵　採用目標数

採用者数（目標者数）や職種等の内訳は企業の経営方針に基づく採用計画により決まる。今年は10人、技術系7人、事務系3人などである。しかし、あまりに固定的に目標値をとらえると数合わせのために無理な採用をすることになりかねないし、逆に良い人材が集まっていても目標値オーバーということで採用できないことになる。毎年10人前後、3年間で30人くらいの緩やかな運用でもよいと考える。

入社2〜3年の差異は将来大きな問題にはならない。むしろ人数合わせで採用することの方が、後々問題が出やすい。これからの時代、新卒と狭く考えるのではなく、幅広くとらえ若年採用計画でよい。

いま一つ採用目標値を考える場合、採用した人材の10年間における離職率を考えて採用目標を考える必要がある。必要なのは今の人数でなく、5年後、10年後に活躍している人材が何人いるかである。離職率が高いと10人採用しても5年後7人、10年後5人ということにもなりかねない。

（注）若年者の離職に関しては、「第13章　能力開発」の章で述べる。

(3) 採用したい人材の明確化

新卒や若年で採用した場合、ある程度目的的採用であっても採用後に活用計画を立てる場合が多い。これは採用時の情報はあまりにも少なく、活用イメージが湧かないことにもよる。
このためには目的とする専門知識・能力以外にどのような人材を採用したいのか明確にしておくことが大切である。
例えば、
▫新規参入企業であれば「競争に負けないタフさ」

- 職務の変動が激しい業界ならば「柔軟で、変化をいとわない」……
- 「仕事が好き、働く意欲」「貪欲に己を成長させる」

などは是非確認したい。

一方、採用の判断にあたって採用基準にあまりこだわりすぎる必要はない。なぜなら、自分自身を振り返ればよくわかるように、すべてを備える人材などいない。一つでも輝けば素晴らしい。大切なことは現在の姿から本人の将来のイメージをつくることである。

こんな場合もある。審査員が全員「○」なら当然採用、全員「×」なら不採用。これも当然である。では、「○○××」「△△△△」の場合どちらを採用するか。前者の場合人材の特性が見えている、後者の場合つかみ切れていない。

活用のイメージと将来の可能性をよく見て採用する必要がある。

こんな時の決断

審査員＼受験者	A	B	C	D
a	○	×	△	○
b	○	×	△	○
c	○	×	△	×
d	○	×	△	×

図９　評価が分かれる時

2 補充や即戦力としての中途採用

経営戦略を見た時、新卒や若年採用だけでは対応できないことが起こる。短期に対応しなければならない時には若手が力をつけるまでの猶予がない。

特に会社が新しい分野に進む場合を考えてみたらわかる。例えば、初めて海外に進出する場合、英語は、土地勘やその国の文化は、ネットワークは、これを自前の人材を育てて送り込むのではあまりにも悠長なことになるし、成果も大きく期待できない。遅れていたIT化を進めるという時も同様である。

ここで中途採用が必要となる。当然のこと、中途採用は目的を明確にするとともに、採用したらどの部署のどの立場、どの役割かをはっきりさせておく必要がある。即戦力としての採用は、採用してから考えるのではうまく人材を活用できない。

また、中途採用の場合1人だけの採用だと既存の集団から孤立しやすく、力を発揮できないことも考えられる。複数名同時に採用すると協力関係と競争意識も出て、即戦力としての期待が大きくなる。

どちらにしても中途採用の場合、配属先の部門長と人事のサポートが絶対に必要である。常に声をかけるだけでも、組織に早くなじむのに効果は大きい。

③ M&Aや業務提携

戦略がいかに良くても、競合他社がひしめく中に入り込むのは至難である。中途採用や社内の人材の活用がいかに上手でも、手の打ちようがない。このような時に中途採用以上に手っ取り早いのがM＆Aや業務提携である。これならマーケットも人材も一気に確保できる。

M＆Aの場合、マーケットも人材も部門丸ごとなので、人事配置等も継続される。ある意味では楽である。ただし会社の中での位置付けや他部門との調和、企業文化の融合にエネルギーを割くという別の課題は出てくる。企業文化や風土の違いによって失敗したり、提携解消といった例は数限りない。

人事の採用活動は、常に先を見、先を読む必要がある。このため経営方針や戦略に敏感でなければならない。戦略が具体的に実行に移される時に必要とする人材が投入できるか、ここに人事の価値がある。即戦力としての中途採用といえども、新しい環境ではすぐには能力を発揮できない。

人材の状況と将来を見据えた全体的な採用計画が重要であり、この実現のための採用対象者であり、採用形態であり、採用時期である。

4 会社をありのままの姿で

就職活動は採用側から見れば採用活動、これはお互い労働市場における真剣勝負の場である。採用側は欲しい人材を、就職活動者にとっては就職したい、魅力ある会社を選ぶ活動である。

このため、会社は学生や就職希望者のために会社パンフレットの作成、会社説明会の開催、OB訪問、職場見学、インターンとあらゆる手段を講じて活動を展開する。就職希望者に会社の魅力を情報として提供することは極めて重要なことである。

しかし、ここで間違えていけないことは、会社を正しく、ありのままの姿を理解してもらうことである。採用担当者はともすると採用したい、採用目標を達成したいその熱意から過大な修飾や見せたくない場を隠すといった行為に陥りやすい。しかし、これらのことは入社すればすぐにわかるばかりか、強烈な悪印象として残り、いろいろな場面でひっかかりとなる。

若年者が入社してすぐにやめる理由に入社前と入社後のあまりの違いに退職を決断したという事例は多くみられることである。

気持ちの良い入社こそが大切である。

- ▪すべてを満たす人材はいない
- ▪絶やさない新卒・若年者の採用

■中途採用は人事のサポートこそが大切

■業務提携、Ｍ＆Ａは企業文化の融合を

第7章　人材の活用　配置・異動

多様な人材の持てる能力を最大限に発揮できる場に人材を置く、これが人材活用における人事の仕事である。

配置、異動、登用、任命は人材をその場に置くことであり、この一つひとつの行為が人材を生かすか、生かしきれないかの境目となる。

その主なものは次の通りである。なお、任命・登用は後の章で見ることとする。

①配置・異動
- ▫採用人材の配置
- ▫定期人事異動
- ▫戦略的人材配置、異動

②人材の組み合わせ
- ▫部門長とサポート人材の組み合わせ
- ▫異質、多様性、異なる専門の組み合わせ

1 新卒・若年者の配置

目的が明確な中途採用や新卒・若手の配置は予定通りに行えばよいが、採用時点で配置が明確でない人材の配置は考慮がいる。最初の配置に失敗すると後々まで尾を引くことになる。

①できるだけ本人が希望する部署、職務へ

新入社員は社会生活への希望と不安を抱えるものである。採用時の目的や本人のやりたい仕事が明確な場合は、その仕事や部署につけることがスムーズな定着をもたらす。しかし、やりたい仕事が明確でない場合は、配属部署の位置付けをよく説明して配属する配慮がいる。

②育成上手な上長の下に

新入社員が最初に影響を受けるのが直属上司である。誰の下に配属するかはどの部署につけるかよりも重要である。育て上手な管理職は必ずいる。

③なるべく人事部門の目が届く部署に

新入社員は不安定な状況にある。なるべく人事部門の目の届くところにおいて観察するとともに、日常的に「頑張っているか」と声をかける気配りが効果的である。
人事に見てもらっているということが安心感につながる。

2 定期異動とは

企業には期を定めて業績を把握し評価する、いわゆる決算がある。この時、業績をもたらした要因、目標に至らなかった原因を評価するとともに、年初に立てた方針や戦略を見直し、中長期の戦略を再設定し、新たな期に対して施策を打つことになる。

当然、方針や戦略に合わせて組織の改定が行われることも多く、それに伴い新たな組織の長の任命、成熟分野から成長分野への人員の異動、さらにはマンネリ防止や計画的育成のためなどの異動などが一斉に行われる。この時期を決めて行う人事を定期異動といっている。

これらの人事はトップから順次下位の層にわたって行われるが、最も大切なのは人事行為ではないが役員人事であることはもちろんである。

この時の任命、配置、異動計画にいかなる内容を盛り込むか、人事の才覚が問われるところであり、また従業員全員が注視している。

③ 戦略的配置こそ重要

企業は戦略を遂行するにあたって経営資源を投入する。戦略とは中長期的に市場優位に立つための方向性と具体的方策であり、その実現のために経営資源が優先的に投入される。当然、その戦略のウエートが高ければ高いほど多くの経営資源が投入されるし、経営資源の効果的活用のために新たな組織編制、組織の改定や課題解決のためのプロジェクトチームなどの編成が行われる。

人事においては長の任命や人材の配置においてその質が問われるし、それが戦略遂行に大きく影響する。

しかし、定常組織から人材を引き離し、新たな部署へ配置することは大きな抵抗を起こす。特に戦略に適した優秀人材を引き離すとなると既存部門にとっては大きな戦力ダウンになる。

しかしここで中途半端な人材投入は結果として経営戦略を中途半端に終わらせる結果となる。

経営戦略は経営の最重要事項に位置付けられる。これに勝る業務はないという強い意志が必要である。

④ 目玉の人事

目玉の人事とは、経営方針や戦略の中でウエートを置いている内容に対して、それにふさわしい人材を抜擢、活用することである。

例えば、男性中心の職場や職務に女性の活用をという方針があっても、なかなか進まないのが現実である。このような時に思い切って優秀な女性を複数名配置するなどは、周りから見ても思い切った人事である。また、新たな戦略部門の長に、えっと思うような若手を登用するなども同じである。

このように旧来の壁を破る人事も、時としては極めて重要である。ただし、これらの目玉人事は失敗は避けたいが、現実は力量があっても古い体質だとなかなか活躍しきれずに終わってしまうことも多い。ここは人事が、この抜擢は必ず成功させるという強い意志とともに、常にフォローアップを行うことが必須である。

また、古い習慣に打ち勝てる人材を常日頃から発掘することに努めるとともに、ひそかに育成することが必要である。

最初がうまくいけば、次からはスムーズに行うことが可能となる。

５ 適応できない場合の配置転換

新卒者や若年者の場合、いろいろ気を遣って配置してもうまく組織に溶け込めないことや、上司や他のメンバーとうまくいかなくて落ち込むことがある。この場合は機を見てとにかく早く配置転換することである。

よほど何かのきっかけがない限り、その部署での立ち直りや活動は難しいし、時間がかかる。また上司によってはこの忙しいときにと、復活をサポートするのとは反対の対応をしてしまうケースもある。

完全に落ち込むと立ち直りに時間を要することにもなるし、最悪退職ともなりかねない。新卒や若年の組織や人間関係に対する耐性は時間とともにつけていくものである。

- **若手の配置は目の届くところに、そして日常的に声をかける**
- **人事の想いを定期異動に、戦略的配置は人事の優先事項**
- **目玉人事は皆が注目　必ずサポートを**
- **ためらうよりも、早い異動を**

第8章　人材の活用　管理職任命

1 組織と管理職

(1) 組織の長

組織はある意味ではただの箱である。○○部、○○課、○○グループ等である。これに命を吹き込んで機能させるのが「部長」「課長」「グループリーダー」ということになる。結果、「長」の良し悪しや適性によって生み出すパフォーマンスは大きく変わる。

組織とその長は一体のもの、いくら組織ができても配置する長となる人がいなければパフォーマンスは得られない。

(2) 管理職を任命する

誰をその部門や課の長に任命するかは経営者の最も重要な仕事である。これに失敗したら目標も戦略も成り立たないし、意図通りの結果など望めない。

企業は方針、戦略を遂行するにあたって必要経営資源を投入するが、管理職という人材も同じである。人材という資源の組織の長への投入がカギを握る。人事の役割は任命に必要な人材を常に把握し、タイムリーに任命することができるかである。

部門や職務の性格、規模、さらには時代の要請等によって求められる管理職は大きく異なる。例えば、監理的職務の長に荒っぽくイケイケドンドンの課長ではうまくいかない。プロジェクトリーダーを考えると、示された目標を与えられた経営資源により短期に達成することが要求される。こういった場合、ある程度の強引さが必要になることもある。また専門性が要求されるポストにその分野に疎い課長では、判断や意思決定が遅れることにもなりかねない。組織の規模によっても要求される人材は異なる。

人事は常に組織の状況、管理職となる人材の能力と特性を把握して任命に備えなければならない。ただし、すべての要件を満たす人材はいない。人材の特性をよく見たうえでの任命推薦が大切となる。

２ 管理職の役割と期待されるもの

直接部下を持つ課長を例にとり管理職の位置付けや役割を見てみる。

専門職はキャリアを積む中で専門の深化、拡大を追求していく。しかし、管理職の職務は、一般職とは異なり、また部長は課長と同一レベルにはない。管理職は一般職とは別の位置付けであり、役割である。この認識が最も大切である。

管理職の役割は、上位職の意思と経営資源の分割を受け、与えられた目標を達成することにある。一般職時代と異なるのは、経営資源としての「部下」を活用して業務を遂行し、課の目標を達成するところにあるし、「与えられた経営資源としての人材や組織の能力」を高め、次なるステージに向かうところにある。

①課の目標の達成、課題解決
②部下活用・管理・育成

職務を混乱なく、効率的に果たすために権限が与えられる。これを「職務権限」という。権限行使には「責任」が伴うとともに、権限を行使して職務遂行することは「義務」である。

しかし、権限や肩書だけでは部下は動かない。いわゆる意思を明確にし、コミュニケーションを通したリーダーシップが要求される。

①明確な意思
②意思伝達力・コミュニケーション（部下をその気にさせて動かす力）

同時に状況を判断する力、決断する力が強く求められる。さらには、一般職時代以上に差し迫った中での社内調整、社外折衝が多くなる。「これは上司が決めてくれるさ」が通用しない。

①判断力
②決断力
③調整力
④折衝力

このような職責を負う課長であるからこそ、部下が最も嫌うのが責任逃れである。「これは上の命令だから仕方ない」とか「これは俺の専門ではないから、任すから適当に」。しかし問題が起こると「任せたといっただろう、なぜ……」。これは最悪である。

責任感こそ、部下を安定して仕事に向かわせる。

①責任感

人事はこれらのポイントをよく理解したうえで、常に人材を把握しておくことが大切である。

3 管理職の登用選考

ここでは新任の課長職の登用選考について見る。

課長職も、課題を解決して目標を達成する点においては一般職と変わりないが、部下を使って組織力をもってこれを行うとなると別の要素が入ってくる。

課長は一般職の延長線上ではない、この延長線上でないところを見極める、これが管理職登用選考である。

既に管理職経験があれば、その管理職としての力量や適性は把握できている。しかし、あらたに一般職からとなると管理職としての未知の能力と適性を判断して登用しなければならない。

先に見た「判断力」「決断力」「責任感」「意思伝達力」「コミュニケーション力」……。これを日頃の職務遂行プロセスや過去の実績の中から見出さなければならないが、時には「課題レポート」「面接」などによって判断することも必要になる。いわゆる管理職の登用選考である。

いろいろな要求項目はあるが、何時の時もすべてを満たすことなどできない。管理職に登用しようとする人材の特性を見極めることが大切である。

しかし、次のことは必須である。これがないと初めから部下はついていかない。

①本人が意思を持っていること

②上司・本人とも自信を持っていること
③得意とする分野、専門性を有していること
④実績を上げている、課題を解決していること

こういった内容が課題レポートや面接のポイントになる。

また、本人にとって登用選考は人生の大きな節目であり、登用の時でなく選考までの1年間が勝負を決める。この1年の間に人に誇れる課題解決と実績を残すことが必要である。ここは本人にとっては最大の修羅場、この間に本当の力をつける。選考の時では遅い。上司も選考の段になってよろしくお願いしますではなく、1年前からの準備が必要である。

４ 管理職と部下の組み合わせ

管理職に、そのサポートを担う人材を考えて組み合わせると、組織運営はよりうまくいく。先に見た通りすべてを備えた人材はいない。その不足を補う人材を置くことが必要となる。

その職務に対する専門性が低い管理職であれば専門性の高い人材を、その地域に疎いならば詳しい人材をなどである。長と次席は組織運営の大事な鍵となる。

また、プロジェクトチームなどでは課題に対する創造的な解が要求される。このような場合

はリーダーとは異質な人材をチームに取り込むことも効果的である。
もちろんこれを活用できる長であってはじめて成り立つし、当然のこと意思決定するのは長である。

5 管理職研修を徹底する

(1) 管理職研修

管理職は一般職と同一レベルにない、新たな立場であり、役割である。能力や適性があったとしても新しい職務である。管理職とは何かを経験の中で学び、身につけるとしても「管理職の基本」は体系だって学ぶ必要がある。一般職なら上司や先輩によるＯＪＴもあるが、課長となるとその機会は少ない。

基本的な研修により自己の体験を整理し、管理職として自らのものとしていく必要がある。若年者が初期の段階に基本・基礎が身につくまで教育の徹底を図るのと同じことである。

同時にこの機に課や部に対する想いや運営の仕方をまとめる必要がある。長は自己の想いや方針をまず最初に皆に示す責任を有する。

組織に命を吹き込むのは管理職であり、それによって組織のパフォーマンスが決まる。初期の段階での集中的、繰り返しの管理職教育の重要性がここにある。

(2) 評価者訓練

いまひとつ重要なのが評価者訓練である。部下を持ち活動することは部下の活動に対して評価をすることになる。課長になっても自分自身が上司から評価されることは変わらないが、評価されるのと評価するのとでは大きな違いがある。

自らが行う評価内容や評価結果は部下のあらゆるものに影響を及ぼす。評価が偏っていたり、自分自身に対する従順さや好き嫌いなどにより不適切に行われたのでは部下は報われない。

部下がやる気をなくす大きな原因のうちの一つが評価に対する不満である。

人が人を評価することはきわめて難しい。目指すは上司も部下も納得できる評価であるが、言葉に書くのは簡単だが今も昔も変わらず神経をすり減らす。しかし、評価を制度として行う以上、説明責任を果たすためにも制度の持つ意味と内容や評価プロセスに対する理解と訓練は欠かせない。

■役割の違いの認識が重要

組織に命を吹き込むのは管理職

コラム

辞令の交付と公示

新たに課長などに任命されると、辞令が交付され、同時に公示される。

この辞令交付という儀式は、「あなたを○年○月○日付でその地位（ポスト）に任命し、その地位に相当する権限を付与するものであり、それを保証する」ことを意味する。

一方、公示とは、「○○がこの組織の長であり、権限を付与したということを皆に示す」ものである。日頃に受け取る辞令にはこのような意味合いがある。

これは昇格辞令、異動辞令、配置辞令も同じ。本人に交付するとともに公示することにより、活躍の期待を込めた強い自覚を促すことにある。

第９章　人材の回収　人事考課

1 人材を回収し、評価する

経営資源の回収こそが重要である。経営資源は戦略遂行や日常業務に投入されるが、単に消費されるだけのものではなく、実績を上げて必ず回収されなければならない。しかも、より価値を高めてである。価値を高めた経営諸資源が、次の戦略や課題解決に投入されて初めて企業活動における経営諸資源が循環として意味を持つ。

人材も同じである。使い捨て意識では企業に成長・発展はない。新たな仕事に就いた場合、半年、１年経てば必ず職務遂行の能力は伸びるし、実績も上がる。しばらくすると、最初はできなかったことができるようになり、さらには判断力もつき、仕事を任せることができるようになる。このプロセス、場数を踏んで人材が成長するし、実績も上がってくる。

これは組織にとっても同様である。人材が育つということは組織の戦力がアップするということである。戦力がアップすれば、更なる目標に向かってチャレンジできる。

さて、このサイクルの中で人材がどのような実績を上げたか、能力の発揮はどうであったか、これを確認・評価するのが人事考課と言われるものである。

② あらゆる人事制度の核となる

人が人を評価するということは極めて難しい。この難しい課題を人事考課制度は担っている。しかも、この制度で得られた結果があらゆる人事の制度に結びつく。給与や賞与はもとより昇進や昇格、配置や異動、そして何より本人のやる気に極めて大きな影響を及ぼす。

先に見た職能資格等の資格制度が人事制度の柱なら、評価制度はその内容を決める制度である。運用は慎重の上にも慎重に行う必要がある。

③ 二つの評価　実績評価と能力評価

人材という資源は経営方針や経営戦略に投入、活用されて成果を上げ、そして回収される。これが人材のサイクルであった。

この活動を期限と時点を定めて人材の回収結果とそのプロセスを確認し評価するのが人事考課制度である。

①人材の活動結果としての成果はどうであったか
②活動プロセスにおける能力の発揮度や伸長度はどうであったか

この２点の評価が「実績（業績とも）評価」と「能力評価」と言われるものである。

⑴　実績評価とは

実績評価とは、ある定められた期間（例えば半年）における活動の成果の確認である。経営方針や戦略に応じて投入した人材が、定められた期間に意図した通りの成果や業績を上げたかどうかである。

評価は、職務遂行能力に対応して期首に定めた目標値に対して行われるが、主なものは次の通りである。

（結果に関して）
- 期首に定めた目標（値）に対して
- 期首に定めた課題の解決状況に対して
- 期首に定めた仕事の量に対して
- 期首に定めた仕事の質に対して

▫期首に定めた仕事の効率に対して

このように期首に定めたとある以上、期首にいかに具体的に目標や課題が定められているかによって評価もより実際的になり、納得性が高まる。

例えば、「仕事の質」に関していえば、会社として「ミスの削減による手戻りをなくす」とあれば、ミスの削減がその目標になるし、「積極的提案により業務を改善する」とあれば、提案件数や内容、改善度合いになる。もちろん課題や目標は一つでなく、ほとんどの場合、複数である。

多くの場合評価要素は抽象的表現となっているが、期ごとにポイントを明確にすることが大切である。これは管理職の責務である。

(プロセスに関して)
▫期間中の努力に対して
▫期間中の職務遂行状況に対して

例えば顧客の新規開拓や技術の開発などは長期に及ぶことも多い。この場合、プロセスにおける努力度や計画に対する職務の遂行度を見ることが重要である。

（組織に関して）

▫期間における組織活動への貢献に対して

▫期間における組織運営への協力に対して

一方、企業は組織化されており、その活動は組織活動となる。一つの課を考えると課長は個人個人の成果と同時に課全体として１＋１＝２＋αの成果を問われる。組織活動や組織的行動は課にとっては非常に大きい。

これらの評価要素は、企業が求める内容が具体的であればより具体的になるし、求めるものが変われば当然評価要素も要素に対するウエートも変更される。

⑵　能力評価とは

成果を生み出したプロセスで個々人が発揮した職務遂行能力を把握するのが能力評価である。これは期待した能力レベルや期首の力量と比較するものでもある。経営資源としての人材が能力をつけて回収されたかどうか、企業にとって最も大切なところである。

大きくは次のようなものがある。

▫知識・技能など専門能力

▫業務を進めるうえでの能力

　企画力、計画力、推進力、判断力……

▫組織対応力

　規律性、責任性、協調性……

▫行動特性

　積極性、意欲……

さて、これらの能力はより高いレベルの仕事や目標にチャレンジするときに、より強く発現される。

業績評価における課題や目標、仕事の質や量などが取り組むに値しないようでは、能力は発揮されないし、発揮されなければ能力そのものを評価することも極めてむずかしい。

この能力が発揮されるのは、やる気になったとき、管理職はこのことをしっかり認識しなければならない。

このように実績評価と能力評価は一体のものであり、実績を見るとともにそのプロセスを見ることにより発揮された能力を把握するという認識が必要である。

＊保有能力と発揮能力（発現能力とも）

保有能力とは、身につけている能力をいう。一方、発揮（発現）能力は実際に職務遂行プロセスで活用された能力をいう。能力評価はこのうち発揮（発現）能力を見るものである。「良い能力を持っているのだけれども発揮できていないな」では残念である。

４ 管理職の評価

管理職は一般職とは役割が違う。その最も大きな違いは上位職の意思を受け、経営資源の分割を受け、与えられた目標を達成することにある。特に、経営資源としての「部下」を活用して業務を遂行し、課の目標を達成するとともに、「部下や組織の能力」を高め、次なるステージに向かうところにある。

当然のことだが、階層が上になればなるほど成果が強く問われ、実績評価のウエートは高くなる。この実績を上げたかどうかと、組織の長としての組織の活性度と人材の活用・育成度が評価のポイントになる。

一方、能力評価はすでにその階層に対応できる能力があるとして登用されているので、重要な点は更なる上の階層に要求される能力の把握にある。すなわち、上位職登用のアセスメントの目をもって行う必要がある。

次は、一般職と役割が異なる管理職の実績評価において付加される組織、部下管理の評価要素である。

□部下活用
部下を活用しきれているか、暇を持て余している部下はいなかったか
□部下成長
部下は成長しているか、使い捨て的に扱われていないか
□組織活性化
組織は生き生きしていたか、課題・目標に対しチャレンジャブルであったか
□組織成長
組織は成長しているか
□その他

5 評価におけるいくつかの留意点

(1) 絶対評価と相対評価

評価はまずは個々人の目標や課題に対しての実績と能力の伸長度を見ることになる。これは本人に焦点を当てた絶対的な評価であり、評価の視点の基本である。

実績で言えば「今期はよく努力して目標を上回る成果を上げた」であり、能力で言えば「期首に比して折衝力が大きく伸びた」などである。

一方、その個人の評価が全体の中でどの位置付けにあるかを見るのが相対評価である。今期、非常に大きな成果を上げたとしても、それ以上に大きな成果を上げた者もいるかもしれない。大きく能力を伸ばしたがもっと伸ばした、もっと高いレベルの者もいるかもしれない。このような他者との比較が相対的評価である。

これは企業間競争も同じである。素晴らしい商品開発をしたとして市場に出しても、それ以上のものが他社から出されたら、市場における相対的価値は下がる。

この相対的評価の最終形が5段階（A／B／C／D／E）とか7段階（1・2・3・4・5・6・7）で示される評価段階であり、これが多くの人事の制度、特に処遇に極めて大きな影響を及ぼすことになる。

管理職の職責は極めて重い。

(2) 結果とプロセス

上司は日々指示・命令を出し、業務を遂行する。しかし、常に部下の動きを観察しているわけではない。特にある程度のキャリアを積んだ部下の場合は自主的に任せることになる。そのうえで期間の実績と能力の活用度や伸長度を見ることになる。

結果（実績）を確認したうえで、この成果を生み出したプロセスにおいてどんな活動をしたのか、成果が上がらなかった場合は、そのプロセスで何が課題だったのかを見る必要がある。そのためには業務遂行プロセスで必要に応じて、業務の進捗状況や課題を確認しなければならない。

一方、プロセスを確認しながらこの成果が本人の力量による成果なのか、本人の活動とは異なる事由による結果なのか、十分確認する必要がある。常に能力と努力と実績を一体的にとらえることが大切である。

もちろん運も実力のうちということは大いにある。これはこれでうれしいことである。

(3) 日常業務の繰り返しでは

新しい仕事や課題に取り組む時、または目標にチャレンジする時は本人自身大いなるエネルギーを投入して、あらゆる能力を振り絞ってその解決や目標の達成に向かう。この時は本人の力量や終わった後での能力の伸長度は把握しやすい。

一方、定常業務を繰り返し行っている場合は、ある一定のレベルになると能力をすべて発揮しなくても仕事そのものはこなせるようになる。こうなると新たな能力の伸長はなく、能力を把握することが難しくなる。実績評価においても、単に定常業務をこなしているだけでは、前期・前年と変わらない。

このように日常業務の繰り返しは、評価をマンネリにおとしめやすい。評価以前に、業務や課題、目標値の見直しが必要である。

＊目標管理制度

目標管理制度を採っている会社も多い。目標管理制度は期（半年、１年）と達成すべき目標を定めて、その達成状況を評価するものである。目標が適切で明確であればやる気につながり、プロセスにおける能力も発揮される。

目標は個人の能力の少し上に設定することが大切である。高すぎると初めから意欲がそがれるし、低すぎるとやっても評価されず、意欲を失いかねない（「第13章　能力開発」で詳述）。

(4)　上司によるフィードバック

評価の本人へのフィードバックは極めて重要である。部下にとってみたら上司がどのように見ているのかは、大いに気になるところである。

実績評価における成果の度合いは、目標や課題がはっきりしていれば本人もある程度理解できる。

問題は能力評価のフィードバックである。能力評価のフィードバックは常に実績評価の内容と一体で行う。

「今期の成果はよく上がった。これは期中の調整力が大きく伸びたことによると見ている。この調子で引き続き……」とか、

「今期の業績はやや不満が残るがポイントは一つ、計画の緻密さを増せば効率が上がり、成果は上がるはずだ」

このように、結果からプロセスを振り返り、その成果をより大きくするためのアドバイスやプロセスで大きな伸びを示した能力などをフィードバックする。

フィードバックのねらいは、あくまで本人がより能力を伸ばし、大きな成果に結びつけることにある。動機付けの心をもって行う配慮が必要である。

相対評価にあまりこだわらずに、本人の絶対評価の内容をフィードバックする。このフィードバックの良し悪しにより部下の上長に対する評価が決まる。

(5) 若年者の扱い

若年者やキャリアの浅い場合は、実績といっても上長や職務などによって大きなバラツキが

ある。また能力も基礎の段階にあり、バランスよくというわけにはいかず、伸長に差異が出やすい。

相対評価において大きな差異をつけるよりも、絶対的な目で見たフィードバックに重点を置くことが大切である。

⑹　評価の工夫

極めてむずかしい評価であるが、目指すは上司も部下もより納得できる制度にある。評価の公正さを常に追い求めて、両者の納得を高める努力が必要である。

いろいろな制度があるので検討するとよい。

- 階層による複数評価
- 他部門、他者からの多面評価
- 目標管理制度
- 面談方式
- 部下による上長評価
- お客様評価
- その他

コラム

「良くやった」の一言と評価の信頼性

制度とは別に、もう一つ大きな評価がある。それは、上司による「その時・その場」での「良くやった」の一言である。

努力の成果が実ったその瞬間に声を掛けられる。これほどうれしいことはない。何より本人が、今回は「努力したな」とか「やったな」と自らを褒めてやりたいときに上司からの一言である。


「良くやったな、努力が実ったな」

「頑張ったかいがあったな」

「やった、君のあの時の行動がカギだったな」

「お客様が感謝していたぞ、良かったな」等々。


この熱い中での一言、本当にうれしいものである。本人にとってみれば、褒められたことのうれしさと同時に、

「ちゃんと見ていてくれたのだ、努力のかいがあった」

というものである。

これがあって初めて評価制度における評価も信頼性が増すのである。日常の中でのタイミングを外さないこの一言、これはマネジメントの基本である。

⑥「表彰」も評価の一つ

今まで人事考課に代表される評価制度に関して見てきた。しかし、評価はもっと広くとらえることが大切である。

評価とは社員一人ひとりの能力、努力のプロセスやその成果を認めることである。このような観点に立てば、評価制度だけがそのすべてではない。そういう目で表彰を見てみたい。

表彰とは、功績や功労、成果などを皆の前で褒め称えることである。対象は個人の場合もあればグループやチームなどの場合もある。

どちらにしても、表彰は人事考課と異なり、何よりも「皆の前で」が基本である。皆の前で褒め称えるということは、本人やグループにとって晴れがましいし、栄誉である。同時に、表彰を称賛する皆は、このような行為や成果が評価に値するものだとの認識ができ、目指す方向も見えてくるし、私も頑張ろうという気も起こる。

表彰は人事考課と異なり、何よりも皆の前で行われる。当然のこと、目に見える形での公平・公正な運用があって初めて成り立つものである。これがしっかりしていないと「なぜあれが？」との疑念が持ち上がり、逆効果になってしまうことも起こりうる。

制度の明確化と公平・公正な運用の下での活用を是非展開してほしい。

■職能資格が人事の枠組みなら、人事考課は中身　慎重の上にも、慎重を

コラム

病気・怪我

人材を活用し、さらに力をつけて回収する。これが人材のサイクルの基本である。しかしこれが大きく崩れることがある。病気や怪我などである。

せっかく頑張っていても病気に罹ったり、事故などにより怪我をしたのでは、つけた力を発揮できないことになる。これは継続・安定・成長を願う本人、会社にとってつらいことである。

とにかく早い復帰と活躍を期待することは当然であるが、まずは病気をしない、怪我をしないことが第一である。

工場などの朝礼で「今日一日ご安全に」などの声をお互いに掛け合うが、この「安全第一」の掛け声の想いはここにあるし、健康診断、ストレスチェックの目的もすべて事前防止にある。

第10章　人材の回収　適性把握と自己申告

1 適性を把握する

前章の「人材の回収　人事考課」において実績評価、能力評価で本人が上げた成果やそのプロセスにおいて発揮した能力を見たが、この人事考課にはもうひとつ大事な役割がある。それは、これら評価を通して本人の職務適性を把握（適性把握、適性評価）することである。

適性把握とは、日常の業務遂行状況や人事考課を通して本人の強みや特性を把握し、その特性に適した職務を探し出すことである。配置の項でも説明した通り適性の高い仕事に対してはやる気も出るし、成果につながりやすい。

この適性把握を制度（適性調査制度など）として定期的に実施している会社も多いが、制度がなくても人事考課の内容や上長や部門長からヒアリングをすればできる。

この制度での把握内容をもとに、次なる配置や異動を検討することになる。配置がうまくいけば本人のやる気にも大きく影響するし、組織の活性化にもつながる。

例えば、業績が伸び悩んでいる営業マンを見る時に、一線の営業活動より企画部門の方がより適性が高いとか、彼の営業としての職務遂行能力は問題ないが、型にはまった仕事より新規開拓の方がより向いているから新規開拓営業の方へ移そうなどと検討することである。

2 自己申告　本人の状況を聞く

適性調査制度と同時に自己申告を制度として実施している会社も多い。適性把握はあくまで上長の目、人事の目である。大事なことは本人が自分自身の現状を、適性を如何に見ているかである。

本人が節目、節目で自分自身を棚卸し、この職務に向いているのかどうか、描いている将来の職務イメージはどのようなものなのかなどを人事部門に申告をする、または人事が確認する、これが自己申告制度といわれるものである。

人事は評価や適性把握により得られた情報と自己申告の情報を併せ見て、次の個別の人事施策に反映させる。

適性把握の内容と自己申告の内容が一致していれば方向性は見えてくる。また一致していないときはその違いを明らかにして本人に説明し、会社としての姿勢を示すことが大事である。

なお、自己の想いや将来イメージ、さらには現状の問題点などを会社・人事に申告をするということは、ある意味では勇気のいることである。これらがはっきりしていても、意思として申告することは本人にとっては簡単ではない。ましてや、あいまいだとなおさらである。ここは意をくむ姿勢が重要である。そのうえで、制度として行う以上、申告内容で本人が課題と考えていることには必ず対応する必要がある。自己申告とは本人の訴えである。これに応えないと制度そのものが形骸化し、信頼を失う。

３ 適性と意欲と配置

社員が持てる能力を最大限に活用し、力を発揮する、これが最も大切なことである。では能力を発揮できる、発揮する状況とはどのような場合なのか、自分自身を振り返ってみればわかりやすい。

- やりたい、やってみたい仕事
- やりがいのあると思える仕事
- 適性に合った仕事

やりたい仕事、やりがいのある仕事、適性に合った仕事には意欲がわく。意欲がわくということは大きな成果も期待できる。この期待に応える配置こそ望ましい。

しかし、すべてはそうはいかない。本人の要求と会社の人事配置が一致することは必ずしも多くはない。希望する部署に受け入れる余裕がない場合や、会社が期待する適性人材でない場合もある。

この場合は本人の想いとは別の部署や職務に配属することになる。これは常に起こることであり、あいまいな説明は避けて、よく本人に説明する。本人も会社の中にあって、自己の想いがすべて通るとは思っていない。対応できないからといって無視するよりもよほど良い。時間の経過とともにその職務に適性を見出すことも多い。

ただ、若いうちに一度はチャンスをつくり、本人の希望する部署へ配置する努力は、人事として必要である。あとは競争原理の中で、本人の活躍次第だし、自ずと本人にも自らの力量と適性が見えてくる。

また、同じ職務系統でもいろいろある。例えば、営業を一つとっても次のようである。

- 新しいマーケットや新規顧客を開拓する
- 一般消費者を対象とする
- 法人顧客を対象とする
- ルート営業や保守営業をする
- 新しいサービスや営業方式を開発する

お客様もいろいろである。

▫積極的人材を好む人、商品知識の高い人を好む人

▫聞き上手を好む人、地道な対応を好む人……

本人の特性を見出しながら適性職務を見出すことは、地道な人事の仕事の一つである。

4 進むべき方向

人はそれぞれの特性を有しており、また職務に対する想いや進みたい方向というのがある。将来管理部門の方向に進みたい者もいれば、営業部門で活躍したい、また専門性を高めたい者もいる。

一方人事の目も、この人材は将来の営業部門のキーマンになるとか、管理職の資質を有している、彼の専門性は極めて高く将来この分野の会社における顔になるなど、その段階、段階で先がイメージできることがある。

このように本人の想いと人事の適性判断が一致した場合、その段階で本人の進む方向を決めていくとよい。

例えば、

- 管理職タイプ
- 専門職タイプ
- プロジェクトリーダータイプ……

- 営業向き
- 生産向き
- 開発向き
- 管理向き……

もちろん、本人が経験を積むにしたがって進みたい方向は変わるであろうし、人事の見方も変わる。あまり固定的に考えることなく、柔軟に考えればよい。

ただし、将来の活躍分野がイメージできれば、大体の目安を持つことによって、今後の配置や異動、さらには経験させたい職務も見えてきて、キャリアパスの設計や育成にも大きな弾みがつく。

5 戦略的育成と適性

企業は中長期の経営方針や戦略を遂行するにあたって、計画的に経営資源としての人材を投入し、増強を図る。先の採用の項で見たように社内での育成では間に合わない場合は中途採用などを行うことになるが、増強に時間的余裕がある場合は社内での育成に力を入れたい。

例えば、海外での売り上げを順次増やし、5年で倍増という方針が出された場合、まさに適性者をピックアップし、順次1年ないし2年のローテーションで海外を経験させ、適性を見ながら重点的に育成する。

この時に適性の項目を英語力はともかくとして、派遣する国や役割によって、

- 壁にぶつかっても崩れない粘り、タフさ
- 人をその気にさせるコミュニケーション力

などとしてピックアップしておくとよい。

よく、語学力があるから彼だと決めつけることが多いが、本当に現地で必要なのは何かを見極めることが必要である。

いま一つは、人事としてはこうなることを予想して、経営方針が打ち出される前に密に人材

をピックアップしておくことが重要である。必要になったときに適材はと探すのでなく、事前にピックアップしておいて、いつでも異動が可能な状況を維持することである。

人事部門が経営に敏感でなければならないのはここにある。適性調査や自己申告から将来の必要人材の適性を見出しておく。人材は一朝にして育たない。

■適材適所が最も力を発揮する

一度は希望部署へ、適性と能力は配置されて初めてわかる

第11章　人材の処遇　給与・手当・賞与

社員にとって最も関心の高いのが、処遇としての給与や賞与である。これら報酬は、職務の遂行に対する対価として支払われるが、社員はこれにより自己の生活を安定的に維持し、成長に投資することにより、自分自身と家族をより豊かにする。

一方、会社はその配分、支出によって社員の動機付けを高めるとともに、社員がより安心して働ける状況をつくることにより、企業の継続、成長を高めることを追求する。

このように経営資源としての人材に対する投資と経費としての人件費の二つの側面を見ながら、処遇の体系を考える必要がある。

しかし、処遇の大半はその前提となる雇用形態と評価により決まる。人事は、常に雇用と処遇を一体としてとらえて人件費の配分の仕組みを考えるとともに評価結果に基づく特に給与、賞与の配分による影響を見ておく必要がある。

1 人件費とは

給与、賞与など人的資源に支出されるものを全体として人件費と総称する。その主なものは次の通りである。

- 給与
- 賞与
- 時間外手当
- その他手当（住宅手当、家族手当、地域手当、単身赴任手当など）
- 役員報酬、退職金など
- 法定福利費（社会保険、労働保険のうち会社負担部分）
- 福利厚生費（通勤費、健康診断、慶弔見舞金、社宅・保養所など）
- これ以外に研修費用や採用にかかる費用も人件費とすることがある

社員にとって給与や賞与、諸手当は直接本人が受け取るものであり、対価としての実感がある。法定福利費の会社負担分などは間接的であり、一般には意識されない。福利厚生費は通勤費や健康診断費用をはじめとして、利用する人だけが適応を受ける社宅・保養所などにかかる費用であるが、適応を受ける者にとっては生活の安定に欠かせない。給与、賞与以外の人件費も思っている以上に大きい。

ここで人事として重要なのは、それぞれの項目に対して、いかに人件費総額を配分して、社員の納得感、満足感を得、その結果としてコストパフォーマンスを上げるかにある。

一方、必ず起こる会社の業績変動に対して柔軟に対応すべく、固定的支出と流動化可能支出を大きくとらえておく必要がある。

流動化可能支出は会社業績が下がったときなどに、ある程度抑制することができる部分をいう。例えば賞与で言えば、業績連動部分があるとその部分は流動的であるし、福利厚生費用や研修費は抑制がしやすい。業績が悪化するとすぐに経費削減の対象となるのがそういった部分である。

ただし、あまり流動的部分が大きくなると社員の生活が不安定となり、継続、安定が保障できなくなるし、固定部分の給与総額を抑えるために外注などを増やすと、会社としての継続性や成長が期待できなくなる。

業種や業態、会社によって給与や賞与、諸手当の在り方は大きく異なるし、様々である。自社の経営と人事の方針、それに伴う雇用制度と人件費を一体とした計画を策定する必要がある。

2 給与と賞与、諸手当

(1) 給与

- 年齢給、勤続給
- 能力給（職能資格給、職能資格手当など）
- 役割給（役職給、管理職給、役職手当、管理職手当など）
- 職務給ほか

年齢給や勤続給は、会社が継続雇用を前提として、その意思を示すものであり、キャリアを積むことによって職務遂行能力を上げ、業績向上の貢献に期待する意味を持つ。ただし、能力主義的人事管理を行う場合、能力が経験年数に応じて一定のレベルに達する、または階層が上がるに従って職能資格などの能力給のウエートが高くなる。

役割給や役職給は、役割が明確な場合や管理職、専門職など階層が異なるときに、その違いを明確にすると同時に、強い役割期待や負う職責に対して支給される。

職務給は「職務を中心とした人事管理」（46頁）で見た通り、人的要素より職務に対応したもので、職務についた給与ともいえる。特定の職務を市場に合わせて設定することが必要となる。

＊期間や職務を限定して契約する社員の場合、その都度の契約内容により給与額が決まるため、継続雇用のような複雑な給与項目の必要性は薄くなる。
ただし、契約更改を行う場合は、期間内における業務実績や職務遂行能力の向上を判断して、額を設定する必要がある。

(2) 手当

- 住宅手当
- 家族手当
- 地域手当
- 単身赴任手当
- 国家資格等手当、その他

手当は、その適応を受ける者に対して支給されるものであり、住宅手当、家族手当にみられるように社員の生活の安定を図ることにより長い勤続を期待するものである。

また、国家資格等に対する手当は、企業がその資格を必要としている場合のほか、組織能力を高めるものとして、その取得を強く推し進めるための動機付けとしても有効である。

(3) 賞与

- 個人業績賞与
- 会社業績連動賞与

常に職務遂行能力に対応した実績が上がるかというと、人事考課で見たように簡単ではない。大きな成果が出た期もあれば、いま一つの時もある。また、長い努力の積み重ねにより大きな成果にたどり着く場合もある。個人業績賞与は、これら業績の人事考課結果によるが、その期の実績により適切な格差の額設定は大きな意識付けになる。

一方、会社業績連動賞与は、当然のことだが、変動要素が大きくなる。組織全体の努力結果（企業業績）による成果の配分として、社員の意識を組織的活動や企業の業績に向ける意義がある。

会社業績連動部分は、階層が上がれば上がるほど業績とその内容によってウエートをもって配分されるが、その配分方法は明確にしておく必要がある。会社の恣意では逆効果となる。

なお、会社業績が良い時の賞与は格別にうれしいものである。一緒に働く従業員が皆喜べる配慮が大切である。

3 基本の確認

給与・賞与を発現能力や業務実績に応じて支給することにより、社員のモラル、意欲向上を目指すとともに、社員の成長を促す。

人件費を、収益を圧迫する費用としての側面を意識しすぎ、給与、賞与は抑えるものだととらえると、本末転倒になりかねない。

結果として、必要人件費が収益を生まない人事となり、経営の在り方が問われることになる。

- 社員の継続・安定・安心は、企業の継続・安定・安心と同じ
- 会社の事業や仕事の内容によって雇用形態をデザインする
- 雇用形態に応じて適正な報酬体系を設定する
  いかなる雇用形態であれ、会社にとっても、個人にとっても継続・安定・成長を阻害するものであってはならない。
- 処遇格差は、低く査定された人材にとってはやる気を失い、次につながらない。かたや本当に頑張ったのに少なすぎてもやる気を失う。ここは皆の成長を競争原理の中で最大にする分配が必要である
- 経営でも防げない市場の変動に対し、常に対応できる人件費プログラムを用意する

- 人件費の配分は、予算と社員が最大の力を発揮でき、組織及び人材が成長して能力の向上が最大に図れる接点で考える
- 社員が満足できるかどうかは、必ずしも絶対額の多寡だけではない

4 人件費の経年把握

人件費は項目別にその額と比率を経年把握することが重要である。併せて一人当たりの人件費も項目別に経年把握したい。これらを数値化することにより打った人事施策、例えば外注化などとの関係が確認できるとともに、人件費の在り方や抱えている課題も明らかになる。同時に他社との比較も可能となり、自社の人件費の特徴も明らかになる。

また次章の「人的（労働）生産性という視点」や経営計画の数値を対比することにより、昇給などが経営に及ぼす影響度など、先を見た人件費計画、人件費配分計画が可能となるとともに、例えば外注化や業務委託、特定の人しか恩恵を受けていない福利厚生施設などの見直しなどの施策を検討する足掛かりとなる。

- **人件費は配分こそが全て、やる気になる配分を**

第12章　人的（労働）生産性という視点

経営は、経営資源を方針や戦略に基づき投入し、アウトプットとしての成果を得るとともに、資源の価値を増加して回収し、次のステージに投入する。

この時のインプットとしての経営資源とアウトプットの経営実績の関係を見るのが生産性である。

これを人材という側面から見る、これが人的生産性とか労働生産性といわれるもので、1人当たり、または時間当たりで生み出した成果を示す。

1 二つの視点

人的（労働）生産性を見る時に、二つの視点が必要である。その一つが量的側面であり、いま一つが質的側面といわれるものである。

量的側面は生産高や売上高、すなわち仕事の量との関係を見るもの、質的側面は生み出した利益額（付加価値額、売上総利益額など）との関係を見るものである。

ここでは前者を物的労働生産性、後者を質的労働生産性とする。

2 分母となる人材

人的（労働）生産性は、経営資源としての人材が単位当たりどれだけの売上高、生産高、利益を生み出したかであり、分母となるのが、次の二つの総投入量である。

①総人員（平均人員）
- 期中（事業年度などの計算単位）の総人員（期中の平均人員で表すことが多い）

②総労働時間数
- 期中（事業年度などの計算単位）の残業時間や休日出勤の時間数も加えた総労働時間

3 物的労働生産性を見る

投入された経営資源としての人材1人当たりが、どれだけの生産量や売上高を上げたか、すなわち仕事をこなしたか、これが物的労働生産性である。

生産量（売上高）÷総人員＝1人当たりの生産量（売上高）
生産量（売上高）÷総労働時間＝単位時間当たりの生産量（売上高）

これにより、1人の従業員が計算単位（例えば1年間）でどのくらいの仕事（生産量や売上高）をしているかがわかる。これを経年で見ることにより、上がっていれば物的生産性が上がっている、1人当たりが生み出した生産量は増えていることになる。下がっていれば物的生産性が落ちているということになる。

その他の条件と照らし合わせながら、上がっている、または下がっている原因がどこにあるのかを確認する、これが指標からの人事的アプローチである。

例えば機械やソフトなどの経営資源に変化がないにもかかわらず労働生産性が下がっているとしたら、組織や人材の活用に問題はないのかなどを確認する必要があるし、新しいソフトを導入したにもかかわらず思うほど生産性が伸びていないとしたら、初期の人員計画に戻って確かめる必要がある。

いま技術革新やＩＴ化が進む中で、労働生産性の向上が強く求められており、重要な指標である。

4 質的労働生産性を見る

もう一つの労働生産性の指標が、利益（付加価値、売上総利益など）を対象として見るものである。

利益額（付加価値額、売上総利益額）÷総人員＝1人当たりの利益額
利益額（付加価値額、売上総利益額）÷総労働時間＝単位時間当たりの利益額

（注）付加価値とは、企業が、生産または販売活動を通じて新しく生み出した価値のこと。売上高から外部より購入し、消費した部分を差し引いた残額をいう。売上総利益でもよい。

これは従業員1人が期間中にどれくらいの価値（利益）を創出したかを示すものである。生み出した価値ということで、量を示す物的に対して質的労働生産性と呼ぶ。成果の対象を付加価値とするため付加価値労働生産性と呼ばれる。

これが安定すればするほど、高くなればなるほど企業の継続・安定・成長が担保されることになる。

5 二つの側面から見る

物的生産性が上がっても質的生産性が下がれば、労多くして生み出した価値が少ないことになり、逆に物的生産性は変わらなくても質的生産性が上がれば利益を生み出すパワーが増したことになり、うれしいことである。

一方、1人当たりの労働生産性が上がっても、時間当たりで見れば下がっているということもある。単に残業、休出で仕事をこなしたに過ぎない。

これらから得られる数値は、業界によって、事業によって大きく異なる。同業他社、自社の経年変化を見ることが大切である。

ただし、労働生産性はあくまで社員、従業員をその特性や活用する仕組み（組織や組織の運営の仕方など）と関係なく、人数と量や金額だけで判断するものである。

大切なことは、この指標から改善策や解決策を探ることであり、改善策の内容は組織と管理職の長の在り方、人材の活用にある。

同時に、分子の数字は、市場や顧客、競合他社の動きによって極めて大きく影響されるし、当然のこと経営の在り方そのものである。人的生産性はあくまで結果指標の一部と捉える必要がある。

6 労働分配率

労働分配率とは、企業が生み出した利益（付加価値額や売上総利益）に対してどの程度、労働の対価としての人件費が支払われているかを見る指標である。

これも重要な経営指標の一つである。

▫労働分配率＝総人件費÷付加価値額（売上総利益額）

この数値を経年で見ることにより、人件費の比率（労働分配率）が高くなってくれば、人件費の在り方を検討する必要が生まれてくる。よく労働組合と昇給、賞与の交渉の時にこの指標をベースにする場合も多い。

しかし、これも市場や顧客、競合他社、経営によって極めて大きく影響される。人的影響はその一部と捉える必要がある。

人件費は、経費としてよく削減の対象になるが、それ以前に、人材という経営資源が最大の利益を、売上高を上げるようにデザインすることこそ望まれる。

いま、労働市場における人材不足、ワークライフバランスといわれる労働時間に対する意識の変化、さらにはコロナ後の働き方が多様化する中で、これら指標は人事計画をするうえで常に頭に置いておきたい。

■時にはマクロの視点で人事を見る

第13章　能力開発

1 能力開発とは

経営の基本の中で述べたように、「経営資源は成長プログラムに投入、活用され、アウトプットとしての成果とともにお客様満足や市場優位を生み出す」。そして、重要なことは「投入された経営資源は活用されたのち必ず回収されなければならない」、しかも「価値の増大を伴って」とした。

これを人材に当てはめると、「人材は、成長プログラムに投入され、その活用によって企業の業績向上や成長発展をもたらすとともに、より力をつけた形で回収されなければならない」となるし、社員の想いは、「生活の継続・安定の中で、やりがいがある仕事を通して力をつけ、成長する」ことにある。

能力開発とは、この経営サイクルのプロセスにおいて、人材という経営資源が仕事という場を通して力をつけ、次のステージにチャレンジすること、そして、それをより意識的、計画的に行うと同時に、社員が自発性をもって行うことを意味する。

② 力をつけた時

ここで、人がどんな時に力をつけたか、力がついたと感じたかを見てみよう。自分自身の過去を振り返って見てみると、次のようなことが浮かぶのではないか。

- 仕事を任された時
- 重要な課題を与えられた時
- 権限が与えられ、責任を感じた時
- 能力を発揮できるチャンスが与えられた時
- 目標が明確に示されチャレンジした時
- 目的や役割を自覚できた時
- 提案が受け入れられた時

ここからもわかるように力をつけた時は、やる気になって仕事に取り組んだ時と言ってまちがいない。すなわち能力開発の基本は、「やる気になる」である。

いくら外からの刺激があっても自らにその意思がない時にはエネルギーは使われず、能力の使用レベルも低い。当然、新たな能力は拓けない。

イギリスのことわざにある「馬を水辺に連れて行くことはできても、水を飲ませることはできない」である。そして、やる気になるには二つのポイントに集約される。

第1が、自らが取り組む課題や目標、役割が明確な時である。課題や目標が適切であれば取り組む内容もはっきりし、やる気になり能力は大きく開花する。白らが決めた課題や目標であればさらに良い。

第2が、自己の存在を認められ、信頼されている時である。「頼むぞ」「お前ならできる」といった形で課題が与えられ、認知されれば誰もがやる気になる。

そして加えるならば、権限が与えられた時といえる。

以上からもわかるように、能力開発とは信頼された状況の中で、チャレンジャブルな仕事や課題に、意欲をもって取り組むことにより始まる。

新入社員が初めて仕事に就いた時、周りの期待を感じながら必死に学び、仕事に取り組む。そして仕事の面白味や興味を感じると自ら勉強し、情報を求め、仕事をこなす術を身につけて成長する。そして、さらなる意欲をもって次の仕事に取り組む。意欲的に取り組む仕事は、早い能力の向上や成長が期待できる。一方、興味を感じなければ能力の伸長は遅いし、力もつかない。

適性に合った仕事や本人の望む仕事に配属するということは、「第7章　人材の活用　配置・異動」のところで見たように、社員がやる気になって仕事に取り組むことにより大きな成果に結びつくとともに、能力の開発が大きく促進される、ここに意味がある。

この力をつける状況を如何につくり、そこにどのように社員を置くかである。

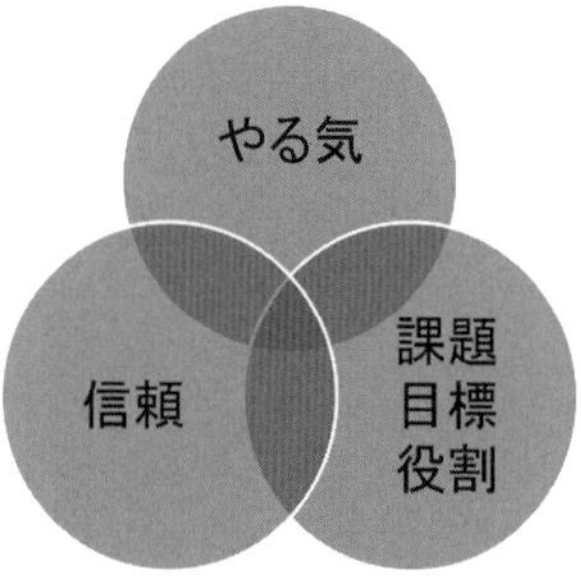

図10　信頼・課題・やる気

3 課題解決こそがすべて

力をつける時のキーワードが「課題・目標・役割」「信頼」そして「やる気」にあった。基礎能力をつける段階であればすべてが新しく未知の仕事であり、興味や関心をもたらす。しかし、基礎能力がつき自主性をもって活動する時期となると日常業務の繰り返しでは物足りなくなる。このために常にチャレンジする課題・目標・役割を設定しなければならない。

そしてその気になって課題を解決し、成果をものにする。力をつける基本は課題解決の繰り返しともいえる。これを課題解決型の職務遂行という。

この時、大事なことはその課題が課にとって、部にとって、会社にとって意味がある必要がある。課題解決訓練ならともかく、仕事においていくら課題を解決しても評価に結びつかないのでは意味がない。実績が評価されて初めて信頼となり、新たなる目標に意欲をもって向かえる。課題の設定こそ重要である。その意味では、課題は成長戦略やそれを受けた部や課の方針の中にある。

効果的に課題解決型職務遂行を推し進めるために制度として課題や目標を設定し、それによって評価をする目標管理制度など先に見たとおりである。また、面談方式を取り入れて、課題設定の段階やプロセスでの努力、また次のステージでの意気込みなどを聞くことによってより効果的にしている場合もある。

もちろん課題は自主的に定められたものが一番良い。しかし、自主的に適切な課題や目標を設定できれば素晴らしいが、皆が皆、課題を設定できるとは限らない。この時のために制度や上司、先輩の助けが必要である。

能力開発の基本は、意欲的に取り組める課題・目標・役割、これを如何に設定するか、これがすべてといっても言い過ぎでない。

④ マンネリを見抜く、防止する

⑴ マンネリ曲線

下の図はマンネリ曲線と私が称しているものである。誰でも習熟度がある程度まで来ると、そのことに対する能力の活用度は下がり、啓発意欲も衰える。またマンネリに陥らなくても壁にあたることも多々ある。特に役割が変わらず、同一職務、同一上司での職務遂行では限界もある。後輩が配属されないときなどは、いつまでたっても同じ仕事が繰り返されることになる。

また、やりたい仕事であっても組織の中で役割や仕事内容が大きく変化しないときや、職務が安定して、その状態での仕事に馴染んでしまうと本人が気づかないうちにマンネリ状態に陥る。この状態が長く続くと変化や新たな取り組みに逆に抵抗を示すことにもなる。

これは組織の新陳代謝の停滞であり、組織能力の衰退を意味する。変化がないことや意欲の減退は能力開発にとって致命的である。

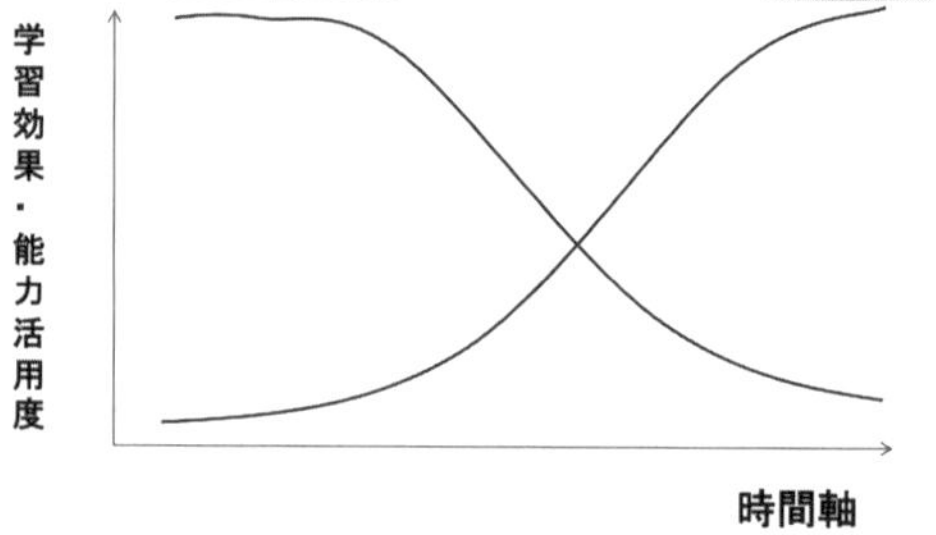

図11　習熟とマンネリ

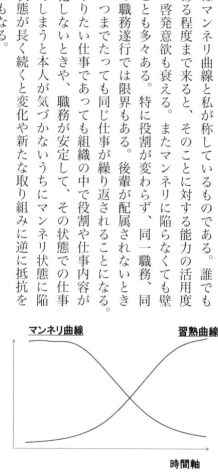

⑵ なぜ若手が退職するのか

若手人材が退職する。もともと希望していた会社ではなく、行きたいところが見つからなく入社したのならともかく、この会社に入ろうとして入った会社でなぜ辞めるのか。

こんな声が聞こえる。

- 後輩もいない中でいつまでこの仕事が続くのか、先が見えない
- 高齢者ばかりの集団で若いのは私だけ
- この仕事をだれが見てくれているのか、上司も無関心
- この仕事をいくら頑張っても評価されない
- 上司と合わない、メンバーとうまくいかない
- やりたい仕事に、いつ配属してくれるのか不安だ
- いつになったら仕事を任せてくれるのか

このように、この会社ではこれ以上のやりがいや成長が期待できないと感じたときに退社を決意する。成長が期待できないと思い退職を決意するということは、成長意欲を有しての決断である。先ほどのやる気になったとき、力をつけたときと反対の状況に追い込まれたことになる。

若手の退職は人事にとっては極めて大きな出来事である。一生懸命採用し、教育をし、さあこれから頑張ってほしいというときに退職する。退職事由は先に書いたことばかりではないが、少なくとも書かれた理由であれば極めて残念である。退職を防げたかもしれないし、このことが事実なら他の社員も同じ状況にあるかもしれない。そうならばこれはもっと大きな問題である。

(3) 若手のマンネリを防止する

このマンネリや意欲の減退から人材を救わなければならない。いくら言葉で「この仕事は大切だから頑張ってくれ」と言われても本人にとって状況は変わらない。

マンネリの打破の最善の策は、意欲をなくすその状況から別の状況に移すことである。

①担当職務のレベルアップ、拡大
②新しい職場、職務への異動
③異なる上司の下への異動
④勤務地の変更
⑤やりたい仕事への配属

これらの措置は、本人にとっては自己の仕事の振り返りにもなるし、新たなチャレンジにつながる。また専門の深化や幅を広げるチャンスでもあるし、固まった視野の拡大にもつながる。一方、会社としては新たな能力や特性の発見につながることも多い。

ただし、その実施に当たっては、ねらいを明確にして本人に伝えることが重要である。会社からの一方的異動では、単にはじかれたとしか捉えられず、逆効果ということにもなりかねない。

＊ジョブローテーションという制度

ジョブローテーションとは、職務や部署を計画的に変える、特に若手を対象にしての人材育成とマンネリ防止のためのシステムである。例えば、生産部門を3年経験したから次は技術部門へなどである。

これが制度として示されていれば異動は比較的容易であるし、皆納得しやすい。ただ、あまり固定的な一律の運用は必要ない。せっかく専門性が大きく伸びているときにあえて行う必要もない。あくまで本人の状況で判断することが運用のポイントである。そしてこの場合も本人への説明が大切である。

⑷ 高年齢者の能力停滞と防止

能力開発において、若年者であろうと高年齢者であろうと基本は同じである。キャリアを積めば積むほど能力の発揮度合いに対して成果は大きくなる。逆に同じ成果を上げるのに活用する能力は少なくてすむ。ここにマンネリが起こるが、それが当然と本人も捉え、周りも受け止めて定常化する。これを若い者から見ると停滞に見える。この状況が課や部に蔓延すれば、組織の沈滞の原因にもなりかねない。

やはり、能力の停滞や陳腐化を防ぐためにも階層や年齢を問わず常に新しい課題が必要である。当然キャリアに応じた課題を本人と話しながら決めるのがよい。経験を生かした課題や役割はいくらでも考えられる。

キャリアを積んだ高年齢者といえども、新たな能力を使う場や課題が大切である。

5 能力開発とキャリアビジョン・キャリアパス

課題解決とマンネリ防止に目を向けてきたが、能力開発においていまひとつ重要なことがある。それは将来に目を向けたキャリアビジョンであり、その実現のための課題解決をより積極的にとらえてのキャリアパスである。

同じ職場や同一職務での課題解決も限界があるし、どうしても視点が限定される。視点が限定されるとは、例えば生産部門の社員は常に設計の要請に目を配り職務を遂行するが、これはあくまで生産部門からの視点である。この社員が設計部門に移り、設計から生産を見たら全く異なる何かが見える。これは営業やその他の職務も同じことである。

将来生産の専門家を目指す人材にとっても、設計から生産を見る視点を持てばその専門性に深みと広がりが出る。

このように、設計も理解できる生産の専門家になるといった将来の活躍分野のイメージを明確にすることによって、その力量を最大にするために経験しておきたい職務や部門が浮かび上がってくる。この将来イメージがキャリアビジョンであり、その実現のためのプロセスを計画的に踏む、これがキャリアパスである。

このキャリアビジョンを5年先をイメージするか、10年先とするかは状況に応じて決めればよいが、どちらにしても自分自身がなりたい将来をイメージすることが重要である。これが人事と共有されてより具体的なキャリアパスが構築できる。

このキャリアビジョンもキャリアパスも固定的に考える必要はなく、状況に応じて見直せばよい。

6 昇格の時こそ

職務遂行能力が向上するに応じて職能資格や等級が上がる。これは先の職能資格の項で見たとおりである。この昇格や昇級は人事考課の結果の累積や昇格審査などで上がることが多い。

それ自体は問題ないが、せっかく昇格するこの機会を能力開発と連動させることでより大きな効果をもたらすことが可能である。

これは昇格のためのハードルを設けることである。この場合のハードルは、選別するためや落とすためというよりも、昇格前の時期により入れ込んで能力開発を行うことにある。

例えば若年であれば昇格のための国家資格等を要件付けるとか、次のステージを目指す者には将来の課題の整理をさせる、課題を解決するなどである。

このハードルを3年に1度とか5年に1度設定することにより人事制度と能力開発制度が連動し、より大きな能力開発が期待できる。また、この時期に次項で述べる研修とセットにするとさらに効果的である。

- 能力は、信頼・課題・やる気が一致したときに大きく開花する
- とにかく場数を踏め、場数こそが大切だ

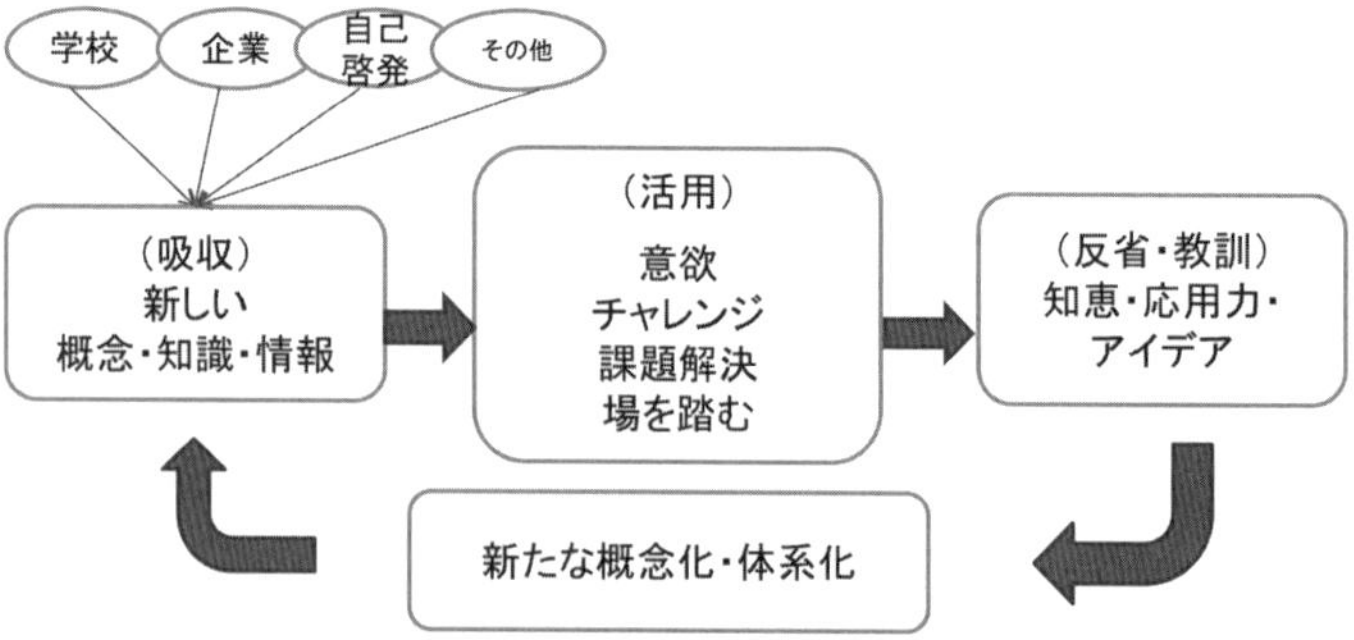

図12　体験から経験へのサイクル

加えてビジョンがあれば、先が見える

■人材育成は成長戦略があって
初めて意味を持つ

第14章　教育訓練・研修

1 教育訓練・研修は能力開発のサポート

能力開発は「目標にチャレンジする」「課題を解決する」「役割を果たす」、そのプロセスで持てる能力を開花させることにより実現する。このプロセスにおいて、能力の向上や開発がより効果的に行われるようにサポートするのが教育訓練や研修といわれるものである。

その主だったものを紹介する。

- ＯＪＴ（On The Job Training）
- ＯＦＦ・ＪＴ（Off The Job Training）
- 留学
- 自己啓発
- その他

２　ＯＪＴが基本

On The Job Trainingの通り、職場で、職務を通して知識の付与や技能の訓練をするものである。

職場において、職務遂行のために必要な知識の習得や基礎的技能の訓練は欠かせない。そして訓練は、その仕事ができるまで続けられる。なぜなら、これができなければ仕事にならないからである。

この訓練の基本は体系化されていること、そして個人のレベルに応じて個別に行われることにある。レベルに応じて個別に行われるからこそ効果的である。同じ知識や技能レベルの社員が多くいれば、皆が集まっての研修や訓練ももちろん可能となる。

いま一つは、職務遂行過程で問題にぶつかったり、課題を抱えたりした時である。その時、その場での上司や先輩からの指導やアドバイスは極めて有効である。なぜなら本人自身が問題を抱えて困っているからである。

この両者の相乗効果で能力は大きく伸びる。これらは職場で仕事を通してしかできない。

一方、上司や先輩にとっては、教えることによって自らの体験を整理する良いチャンスともなるし、教えれば教えるほど持てる知恵やノウハウが明確になり、自らの中に体系付けることができる。

部下をいかに早く戦力とするかは、上司の最大の課題である。これによって課、グループの組織能力は大きく変わるし、自主的に動けるようになればサポートに割く時間も減ることになる。

会社によっては、ＯＪＴによる習得内容や習得状況を確認するために、個人別「ＯＪＴシート」を作成したりする場合もある。本人と上司がシートを共有することにより効果が増す。

3 ONからOFFへ

能力開発のサポートの基本はＯＪＴにあるとしたが、ＯＪＴだけでは難しい部分もある。マンツーマンで効果的であるが、仕事を抱えての訓練や指導であり限界もある。また、指導者によるバラツキも生じる。さらには、より専門性が要求される内容や専門性を生かす管理技術となると時間も取られ、難しくなる。これを補完するのがＯＦＦ・ＪＴと言われるものである。

ＯＦＦ・ＪＴとは、Off The Job Training の通り、職場や仕事を離れて（ＯＦＦ）の訓練や研修である。そのメリットは、職場を離れることにより訓練や研修に集中できることである。

また、職場を離れての研修で気分転換、他者との交流、視野の拡大といったことも大きく期待できる。若年者対象の研修後アンケートによると、講義の内容と同時に、久しぶりに同期に会えたとか、他の職場の状況がわかってよかったという意見も多い。

ＯＦＦ・ＪＴの課題は、受講者を職場から離すことによる仕事への影響と、外部の講師等の利用による費用である。ここに効果的な研修計画の重要さがある。

ＯＦＦ・ＪＴの代表的なものを見てみる。

4 集合研修

(1) 集合研修のいろいろ

ＯＪＴは職場において、対象となる部下とその状況に応じての指導、訓練の実施となる。しかし、職場を離れてのＯＦＦ・ＪＴ、特にその代表的な集合研修となると訓練や研修内容の共通性が求められることになり、内容によって対象者を区分するなどの必要性が出てくる。

次に、対象者や内容によるいくつかの集合研修を紹介する。

①共通課題の研修

階層や職位などを問わず受けるべき研修をいう。経営理念研修や会社として新しい管理技術などを導入し、上から下まで一斉に行う必要がある時などに実施する。もちろん一斉にといっても必要に応じて階層に分けたり、職能で分けることは多い。

②階層別研修

職能資格や役職位などに対応して行う研修をいう。特に資格や役職位が上がった時（昇格、昇進、管理職登用など）には新しい役割の徹底が必要であるし、動機付けとしても重要である。（70頁「管理職研修を徹底する」参照）

▫部長職研修

経営とは、経営管理、経営戦略、企業財務……

▫課長職研修

管理能力、組織の活性化、リーダーシップ……

▫職能資格、役職位昇格時研修

昇格時の要件や課題と対応させるとねらいがより明確になる。

組織活性化やコミュニケーションなどもテーマとしてふさわしい。

③課題別研修

特に会社が力を入れているテーマに対して行う研修である。品質トラブルなどが起きた時の課題解決や、組織を活性化させるためのチームワークづくりなどいろいろ考えられる。

④目的別研修

安全教育、品質管理など法で定められたものや社内ルールの徹底など。

⑤中途採用者研修

若年からの採用であれば、組織、システム、商品や仕事の流れは研修や時間経過の中で理解していく。しかし、中途採用者の場合はいきなり職務につくことになる。このため即戦力化するにあたっては、これらの内容を採用時に十分時間をかけて研修を行う必要がある。中途採用者が早く組織に馴染み、活躍するためには極めて重要である。

また、中途採用者に対する会社の熱意も伝わり、大きな動機付けともなるとともに、他社で身につけた企業文化と自社の経営理念や文化との融合のための時間ともなる。たとえ中途採用者が少人数でも必ず実施したい。

⑥新入社員、若年者研修

若年者にとって、組織の中での仕事は緊張を強いられることが多い。リズムを持った頻度で行うことが、知識や技術の取得だけでなく、ネットワークづくりや組織に馴染むためにも重要である。入社時の研修は後まで印象に残るものである。

⑵ 集合研修を企画するにあたって

集合研修を企画・実施するにあたって、いくつかのポイントを理解しておくとよい。

①継続すること

必要最小限の研修は継続することが重要である。特に階層別研修において「私の時まではあったが、予算が削られて今はない」では寂しい。

②研修のリレー方式

継続と同じであるが、上の人から順番に受講していくと「私も受けたよ、面白いからぜひ受けてこい」となり、内容や情報に共有性が生まれるし、時には共通言語も生まれ、次の世代に引き継がれる。

③一貫したテーマ

役職登用にあたっての課題とその課題に関する研修、さらには1年後のフォローアップと一貫することにより人事と研修の連動が生まれる。

④1段階上のテーマ

研修テーマは、今の階層の1段階上の内容が効果的である。人材が成長するためには先に目を向けることが必要である。テーマも常に上を意識するものが効果的である。例えば次の課長職を目指す層には「リーダーシップとは」である。

⑤座学とグループ活動や実践研修

集合研修などの場合、講義形式をとることが多い。しかし、講義はどうしてもワンウエーとなりやすい。ここに、グループ学習や実践的な体験学習などを取り入れることが効果的である。他の受講者の意見や他のメンバーの力量を見ることになり、自らの姿をより明確にとらえることができ、より大きな研修効果が期待できる。

座学とグループ学習や体験学習をバランスよく組み合わせる工夫が必要である。

⑥期ごとに予算と対応

研修を企画しても予算がつかなければ実施できない。予算の範囲で継続性と人事方針を意識しながら、優先順位を決めて行う。このためにも研修体系表は必ず作成したい。研修体系表に記載された研修のうち今年はこれとこれというように予算と対応させて計画することが重要である。

⑦アンケート

アンケートはぜひ取りたい。研修がニーズに合っていたかなど多くの情報が得られる。また、アンケートの内容によっては、個別にフォローすることも大切である。フォローされた受講者は人事もお任せでなく、しっかり見ているのだなと認識する。

⑧人事・教育担当者

人事・教育担当者は、まず全ての研修を受講することが基本である。例えば、一般職であっても管理職研修を受ける、これが重要である。このことによって研修ニーズと研修内容の確認ができるとともに、新たなニーズも見出すことができる。そして、何より自分自身のためになる。

また、グループワークや体験学習の場合は、人事関係者は必ず参加または傍聴する。個々の受講者の特徴やグループの中での役割の取り方が見える。これは一種のアセスメントとなる。

＊コロナの拡大により在宅勤務が増えている。こんななか研修もWEBによる研修（オンライン研修）が多く行われるようになった。講義などのワンウエーに近い研修には便利であり、場所を問わず、費用も安く済む。簡単なグループワークも可能なまでソフトも進んだ。一つの在り方として定着していくと思われる。もちろん限界はある。

5 その他のOFF・JT

ここで特定個人を対象とした研修などについて見てみる。特定個人に対する研修であるため目的的で効果的であるが、どこまで費用をかけるかどうかは人事の意思による。

①他流試合派遣研修

社内の研修だけではというときに外部に派遣して、他流試合を行うのも有効である。自分自身や自社の位置付けもよくわかるし、人脈づくりもできる。次の部長候補といった後継者に対して行われることが多い。

②留学（国内・海外・語学）

いわゆる留学である。国内外問わず、ある専門分野の核となる人材や将来を担う人材を育成する。特に海外留学は視野が大きく広がる。

③出向・派遣（国内企業・団体、海外企業など）

他社での勤務により視野拡大はもとより、人脈づくりに有効である。将来の対外的な顔づくりにも効果的である。

④1人に対して複数の講師がマンツーマンで

特定のコア人材を育てるために、1人に対して複数名の講師が集中的に教育する。例えば法務の専門家を育てるために営業、生産、技術の専門家の講義を受けるなどである。

6 自己啓発を支援する

力をつける基本は、自らの意思と課題と目標にあり、この解決のための自主的な啓発こそが能力を向上させる。

ただし、キャリアを積んだ人材は自己啓発課題を自ら見出すことができるが、特に若い時は自己の職務遂行上何を学ぶべきか、そこでの課題も十分に理解できない場合も多い。

経験年数や専門に応じて自己啓発プログラムを用意するとよい。

- 通信教育
- 国家資格取得
- 課題図書

これらに対して、会社としての金銭的、時間的支援は若年者にとっては大きな動機付けになる。

■OJT、OFF・JT、自己啓発は常に連動を

そして、人事と能力開発は切り離すな

研修体系（イメージ）											
資格	役職		キャリアステージ	研修区分							
	役職区分	役職名称			階層別研修	目的別研修	採用時研修	安全衛生研修	品質管理研修	面談・面接	専門研修・資格取得研修
役4～6	管理職 専門職	部長	管理・専門能力発現期間	理念研修	（新任）部門長研修 ・経営戦略 ・財務研修	外部派遣研修	中途採用者研修	随時	随時		各部門による
役1～3		課長			（新任）課長研修 ・管理の基本 ・リーダーシップ	評価者研修 課題解決研修				（登用面接）	
5	一般職	課長補佐 係長	能力発揮期間		昇格時研修 ・役割研修	課題解決研修					
4		係長 主任									
3		―	能力伸長期間 基礎能力育成期間		2～5年次研修 ・役割研修 ・ビジネス文書 ・社内規定他	組織活性化研修 ・コミュニケーション ・チームワーク		安全基礎研修	QCの基本	人事面談	
2										人事面談	
1		―	基礎能力育成期間 （新入社員）		新入社員導入研修			安全導入研修		人事面談	
自己啓発											

図13　研修体系表（イメージ）

第15章　後継者の育成

1 最も大切な後継者の育成

人事の仕事の中で最も大切で、難しいのが後継者の育成である。継続・安定・成長は後継者が常にいる、または後継者が育っていて初めて成り立つ。後継者がおらずに衰退に追い込まれた例は数限りない。

通常、後継者というと経営トップをさすが、ここでは部長の後継者を対象に考えてみたい。何時の時も、優秀な課長がいて初めて優秀な部長が、優秀な部長がいて初めて次を担う経営層が期待できる。もちろんそれぞれ担う役割が違うから優秀な課長が優秀な部長に、優秀な部長が優秀な経営者になるわけではない。しかし、その層が厚ければ厚いほど素晴らしい。

役割が期待する人材を発掘するとともに、計画的に育成し、いかなるタイミングにおいても後継者を指名できる状況を保つ、これが人事の役割である。

2 役割の違いの再確認

すでに何度も書いたが、一般職と課長、課長と部長、部長と経営層では役割が違う。役割が違うということは、役割に対応して求められる能力や要求されるキャリアが違うことを意味する。

まずは経営者、部長の役割に対する認識が必要である。そのためにも各階層の役割を設定する必要がある。

「階層と役割の違い」（21頁）で各階層の主な役割を書いたが、これだけでもその違いがわかる。部長の後継者を考えるならその役割にふさわしい人材を発掘し、育てなければならない。

3 必要とする基本資質と姿勢

経営に近づけば近づくほど、役割を果たすためにある意味での資質的要素が要求される。資質的と書いたが、能力には経験を積めば身につくものと、経験を積んでもなかなか身につかないものがある。例えば戦略立案能力はその職務に就き、訓練を受ければ身につく。しかし、腹を括って決断するとなると誰もができるかというと簡単ではない。これが資質的とした意味である。

部長として必要ないくつかの要素を常にイメージしておくことが大切である。もちろん何度も言うようにすべてを満たす人材はいない。人材の特性の把握こそが重要である。

▫仕事に対する想い、意思の明確さ
▫明確な目標を持つ、チャレンジする姿勢
▫自らの意思で業務を遂行し、プロセス、結果に責任を持つ腹括り
▫意思決定・判断を明確に、時期をずらさず決断する姿勢
▫他から学ぶ姿勢、受け入れる度量
▫自己評価、自己啓発を怠らない姿勢
▫組織や人材を動かす力
▫部下に想いや意思を伝える力、共感を呼び起こす力、コミュニケーション力
▫公平・公正な姿勢
▫経営理念を理解する力、コンプライアンスの姿勢

＊潜在能力
79頁で「保有能力と発揮能力（発現能力とも）」を見た。これらは職務遂行プロセスや自己啓発、訓練などによって身につけた能力であり、職務遂行を通して発揮した能力である。

これらの能力は、比較的確認しやすい能力である。

一方、潜在能力は潜在が示す通り、普段は意識されず隠れていて見出す能力ともいえる。素質、資質やセンスに近い特性ともいえる。高度な専門家としてのセンスがある、経営者としての度量があるなどである。

4 人材の適性を見抜く

将来の部長をと考えると、課長層の中から人材の適性を見出し、発掘する目を持たなければならない。

日頃見ている評価はあくまでも現在の職務に関する実績であり、能力である。しかし、発掘しなければならないのは、部長としての能力、可能性を有する人材である。79頁の「管理職の評価」で重要なのは更なる上の階層に要求される能力の把握と書いたがこのような意味をもつ。

ここで大事なことは、日常の活動からだけではなかなかその能力や適性は見出せないことにある。このため人材の

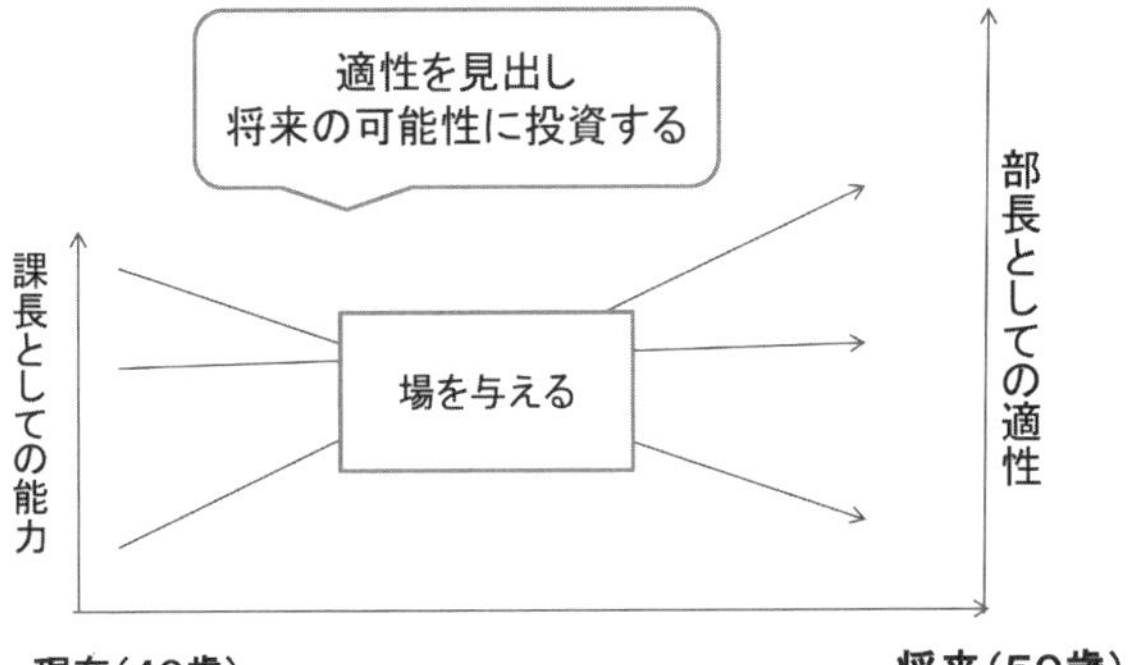

図14　現在の姿から将来を見る

発掘には、特別の課題設定やプロジェクトへの任命など日常業務以外の負荷が必要である。修羅場を通して初めて人材の潜在能力が見えてくるものである。

また、これらの負荷は上長の評価だけでなく、

- 多くの目で見る
- 外部の目で見る

ことを可能とする。

指名する人の好みなどに押し流されて任命する、これが人事の失敗の始まりである。

5 後継者育成と時間

後継者は一朝一夕では育たない。経営層は10年、部門長は7年、課長なら5年という時間が必要である。

例えば、A氏を○○部門の長に45歳で任命したと仮定する。A氏は5年間、○○部長として活躍し、そのポストを離れる。この場合、後継者も45歳以下の人材で任命したいのならば、A氏を任命した時点で40歳以下の人材を、5年後に任命することになる。

会社は、新たに任命されるであろう40歳の人材が45歳で登用される時は、今の部長が任命された時の能力を超えていることを期待する。

このように見ると、育てる期間は短くても5年から7年は必要となる。

6 後継者が育つ環境と計画的育成

(1) 育つ環境

当然のことであるが、後継者が育つ環境というものがある。

- 層が厚いほど、候補者群が多いほど良い
- 競争原理が働けば働くほど良い
- 課題解決型職務遂行、プロジェクトを多くこなすほど良い
- 修羅場を経験すればするほど良い
- 次の世代、その次の世代、さらにその次の世代と常に連続させるほど良い

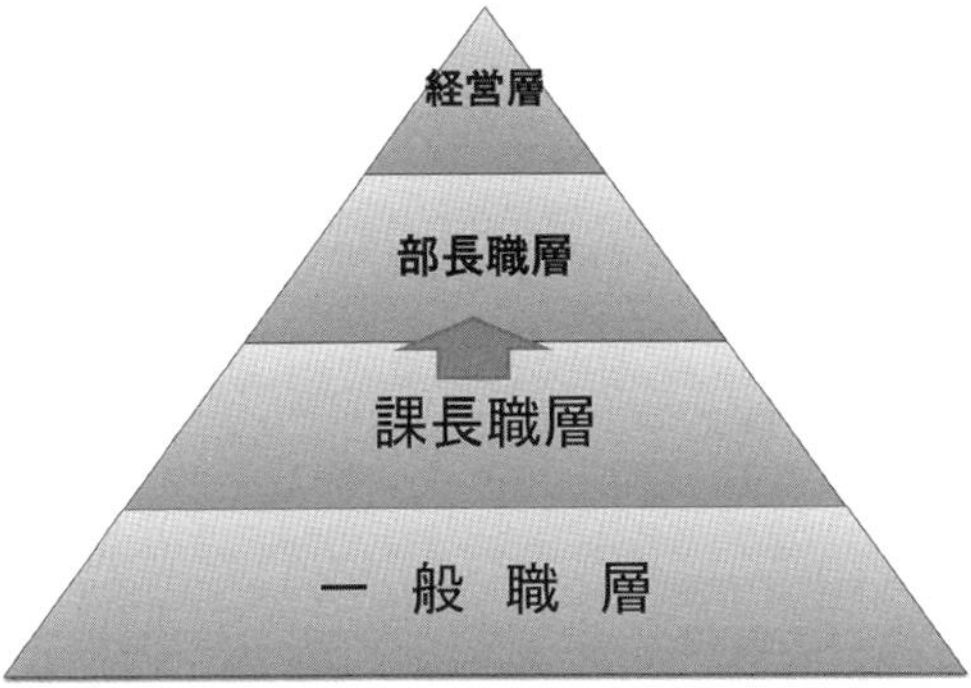

図15　層は厚いほど

このような状況をつくればより良い人材を発掘できるであろうし、また人材が育つ。特定の人材を早い段階で意識することも重要だが、まずは層を厚くして競うことの方がより大切である。

(2) 育成のためのキャリアパスとその補完

部長クラスの管理職となると、単に能力が高いとか適性があるとかというだけでは不十分である。例えば、部長となると課長クラスと違ってその職域は急に広がるし、管理する内容も役割の違いで見たように大きく変わる。また、急速に経営に近づくことになり重要な事柄を要求されるし、責任も重い。

事業部の長となれば、今まで部下を引き連れて営業に動いていたのが、いきなり事業目標、事業戦略、営業体制、経営トップからの指示など急速に職責は重くなる。

後継部長を育てるのに7年ぐらい意識的に育成する必要があるとしたのは、突然の任命に応えるためである。

この期間に計画的に職務経験を積む、これがキャリアパスである。能力開発とキャリアパスの項で見たとおりだが、後継者育成の場合、より目的が明確である。

後継者育成のためのキャリアパスの基本は、前項で見た通り場数（修羅場）を踏ませる、思い切って修羅場に置くことにある。

①キャリアパスの設計と実施

▫全く異なる部・職務への配置転換

例：2部門・2地域・海外、現業・経営スタッフ・子会社出向など

配置転換はいかなる場合も課題を与えての異動が重要である。これがないと、ただ配置されただけに終わる。

②課題解決

▫プロジェクトの創出とリーダーへの任命

プロジェクトは、長期経営戦略における課題や経営への影響の大きい課題、5年後に本格化する課題などを基本とする。

成果を幹部会、役員会等で発表すれば、認知されることにもなる。

▫リスク対応責任者への任命

修羅場における決断、責任の取り方など、その乗り切り方により、危機時の潜在能力が見える。

▫戦略の策定

自ら戦略を策定する、策定プロジェクトに参画することにより、より実行への意欲がわく。

③他流試合

▫出向、業界団体への派遣

外部の委員会や会合に若い時から出席することは大切である。度胸がつく。

▫参加型研修、異業種交流、他流試合の経験

自分自身の力量の把握、社外の状況、外部でのポジションの取り方がわかる。

④研修による補完

▫経営の基本・マーケティング・戦略・マネジメント・リーダーシップ・財務

部門長になれば、経営とは、マネジメントとは、戦略とは何かを自分自身の言葉で語らなければならない。

これらの施策をよく見てみればわかるように、これは先に見た能力開発のプログラムそのものである。若年の時から能力開発を意識的に行う、これが結果として次の人材、後継人材を育てることになる。そのうえで役割に応じてプログラムをつくる、これが大切である。

そして、活動する中で皆が納得する実績をつくる。実績のない者には誰も従わない。

■後継者とは、

企業の継続・安定・成長、そして経営理念の継承を託す者

コラム

多くの経営者が積んだキャリア

著名な経営者のキャリアを一度調べてみるとよい。共通した特徴があることがわかる。

- □部門や事業を立ち上げた経験がある
- □子会社での経営経験がある
- □海外で苦労した経験がある
- □課題解決チームのリーダーを経験しているなど

もちろん全員が全員同じ経験をということはないが非常に共通する。それは修羅場を踏んでいることと、それによる視野の拡大である。

これらからも、後継者の育成プログラムが見えてくる。

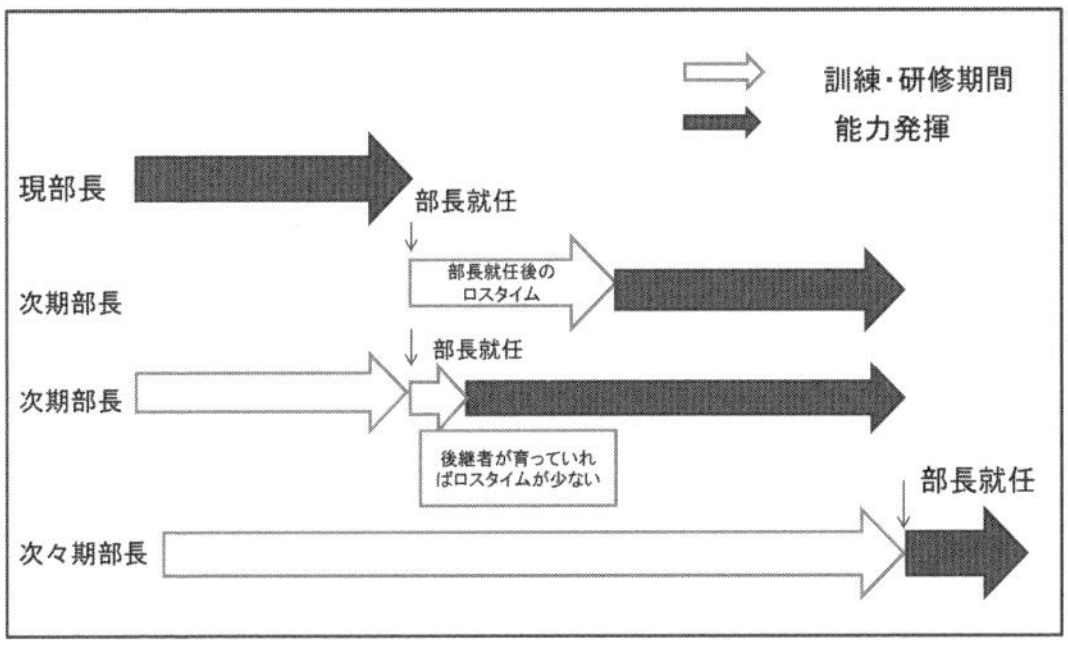

図16　後継のタイミングとロスタイム

第16章　経営理念とその継承

1 人材の多様性を、自由度をもって束ねる

会社で働く人は、極めて多様である。また、多様であるからこそ、環境が変化する中で企業が適応していくことができる。どこを切っても金太郎では変化に対応できない。年齢も違う、職種も違う、専門も違う、考え方や価値観も違う、さらには生まれ育った国も違えば、当然のこと育った環境や文化も違う。

しかし、このように多様な社員だが、皆同じ企業でそれぞれ役割をもって、自己の想いを追求しながら勤めている。

この多様な社員を、自由度をもって束ねるのが「経営理念」である。多様であるが、いや多様であるからこそ、この理念の下、理念が示す方向に向かって自由に、創造的に活躍してほしい。それが経営理念の持つ意味である。

幸いにしてこの理念が、多様な人材の、多様な活動を縛ることはない。

2 企業の衰退は理念からの逸脱で始まる

企業の失墜は突然起こる。この多くの場合に、企業理念からの逸脱やコンプライアンス上の問題がみられる。企業理念からの逸脱やコンプライアンス上の問題を長年放置することにより体質化した結果、大きな企業環境の変化が訪れた時に初めて事態の深刻さに気づくことになる。しかし、その時ではすでに遅い。

多様性を束ね、皆を包み込む経営理念を上が無視をしたり、破れば、またその行為を黙認すれば、それはすぐに下に伝わり、目に見えないところで日常化する。日常化するということは、新入社員や中途採用者は初めからその日常の中で仕事をスタートさせ、それがこの会社にとっては当たり前と理解するということである。やがてそれが末端まで浸透する。

経営トップ、管理職は経営理念とコンプライアンスを明確に自覚する必要がある。

3 語ることにより継承される理念

企業にとっては、多様な人材が経営理念の下でのびのびと活躍している、これが最もうれしいことである。このためにも経営理念の正しい理解を末端まで浸透させ、徹底することが極めて重要である。後継者育成の場で必要とする基本資質の一つとして「経営理念を理解する力、コンプライアンスの姿勢」が入っているのは、ここに大きな意味がある。

多くの企業が経営理念や社是を有するが、これらはお題目ではない。経営理念を時代とともに、時代環境の変化に応じて正しく理解し、追求していく。人事部門はこのことを十分認識する必要があるし、最も大事な教育の柱である。

経営トップや部門長は機会があるたびに、自ら「経営理念とは何か」「私は経営理念をこのようにとらえる」ということをメッセージとして発しなければならない。そのためには自ら理解して自己の中に位置付けなければならない。

そうすれば自らが発したことに対して逸脱することはないし、経営理念が自らの柱となっていれば逸脱しても戻す力がある。そして経営理念を多くの階層が発することにより末端の若い層にも浸透し、引き継がれる。

経営理念は、会社が存在する限りにおいて企業の存在価値を示す柱である。人事部門はあらゆる機会を使って経営理念を浸透させる場をつくらなければならない。

- 研修の初めに30分　講師　○○部長「私の仕事と経営理念」
- グループワークで「私は経営理念をこのように理解する」
  「経営理念を時代環境の変化の中でいかにとらえるべきか」
  「経営理念と経営戦略」

□新入社員、中途採用者にはあらゆる階層、あらゆる職能の者が繰り返し、自らが考える経営理念を話す

■経営理念は経営の軸

それは自由度をもって多様さを束ねるもの

そして、皆で守り、育てるものである

第17章　人事担当者の在り方

人事の仕事を経営とのかかわりで見てきた。経営資源としての人材を如何に経営の継続・安定・成長に、そして社員一人ひとりの継続・安定・成長に結びつけるか、このための努力こそが人事の存在価値である。

その認識の上に立って人事とは何かを整理したい。

1 人事部門の役割

人事部門の組織上での位置付けを見るとわかるように、あくまでラインに対するスタッフである。そして、スタッフとして人事部門が線で結ばれているのは「経営トップ」「ラインの長」「社員」の3者に対してである。

この3者に対して、それぞれ人事の役割がある。

①トップをサポート

経営資源としての人材を取り扱う専門部門として、経営トップへの人事戦略の提言、人事情報提供を行う。また、経営理念をはじめとするトップの想いの理解と末端への浸透をはかる。

②ラインをサポート

ラインの部門長に、タイムリーな人材提供や人事の専門分野における課題解決のサポートを行う。

③社員をサポート

社員が組織の中で生き生きと活躍し、また成長するためのサポートを行うとともに、自主的に、自立して活動できる状況をつくる。

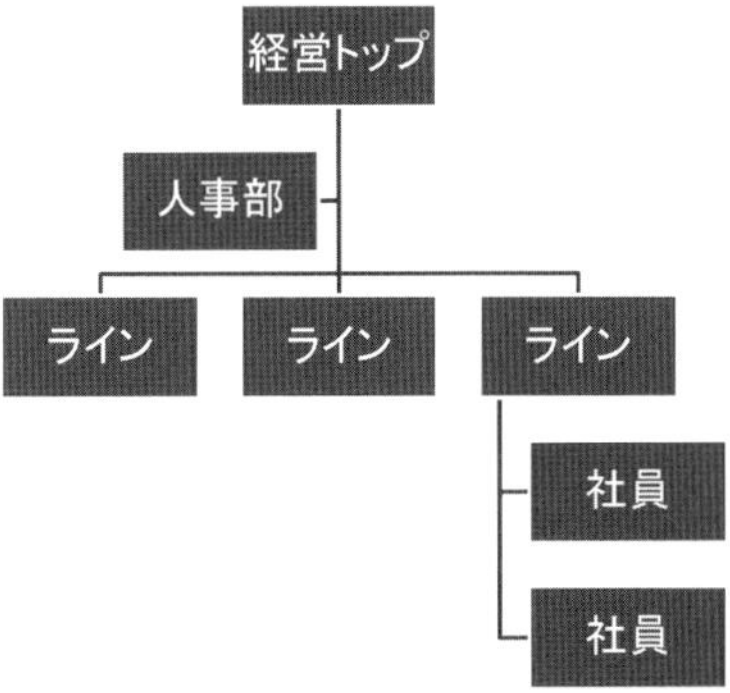

図17　人事部門の位置付け

2 人事担当者の視点

人事の役割は3者に対するサポートにある。これをより良くサポートするために経営を見る、組織やその長を見る、社員を見る必要があると同時に、立場を変えた次の視点が是非とも必要である。

①経営者の立場から人事を見る

人事の目で経営を見ることと、経営の目で人事を見ることには極めて大きな差異がある。常に経営の立場ならばどうかという視点が必要である。

②他の部門の部長や課長の立場から人事を見る

部長や課長の悩みや課題はその立場に立たなければ分からない。しっかり問題を把握し、納得の上で状況を共有することが重要である。課題解決はそのあとについてくる。

③社員、従業員の立場から人事を見る

人事は全従業員を対象にしている。しかし、従業員から見れば一人ひとりにとっての人事である。

従業員の立場、すなわち一社員としての自分自身を見失わないことが大切である。

▫三つの視点を忘れるな

そのうえで、
- 経営の基本を理解せよ
- 環境変化に敏感であれ
- 経営資源としての人材を理解し、回転させよ
- 常に社員と組織と会社に目を配れ

3 人事担当者としての想いと基本姿勢

(1) 想い

人事担当者として職務を遂行するにあたり、やはり人事に対する想いや考え方をしっかり身につけたい。これは経験を積むにしたがって広がっていくし、深まっていくものである。

しかし、最初にささやかでも想いがないと処理に流されてしまうことになる。人事に対する想い、これは経営理念に通じるものである。経営理念が会社の目指すものなら、この想いは人事が目指すものである。

「自主・自立　輝く個性　自由な風土」

ここに掲げたのは、私自身が人事部門にいる時にメンバーと一緒に考え、策定したものである。

自分自身の人事担当者としての想いを描いてみることが大事である。

(2) 基本姿勢

基本姿勢とは、人事としての判断や決断の時の柱となるものである。

「公平・公正」

私は基本姿勢を「公平・公正」とした。公平とは、全ての社員にとって平等にその持てる能力が発揮できる場が開かれていること、公正とは、社員に対して人事・能力開発等の仕組みや評価のシステムがオープンになっていることと定義した。

そして、このことが競争原理の中で結果の妥当性につながることにより、コンセンサスの得られたものになり、人事・能力開発部門の信頼につながると確信している。

人事の仕事は生身の人格を人材として扱うところにある、間違いやトラブルなど何もないはずがない。

□彼を課長にしてやってくれ
□正社員にしてやってくれ
□厳密にいえば労災だが、隠しておいてくれ
□評価を少し上げてやってくれ……

人事における悪魔のささやきである。しかし、このささやきは自分自身にしか聞こえていないと思うが、周りの人にはよく見えている。

こんな時、

□これが本当に個性を輝かせる施策か
□これで本当に自由な風土をつくることができるのか
□これが公平といえるのか……

想いも姿勢も、これは何かあった時に立ち返るところ、何かあった時に踏みとどまるところである。

問違いは誰にもある。しかし想いがはっきりしていれば立ち戻ることができる。

これからの人事を考える

この原稿を書き始めた時期にコロナの感染が急速な広がりを見せた。その後の猛威はすさまじく、社会を、文化を、経済活動を大きく変えることになった。また、このコロナは久しく叫ばれながら歩みの遅い環境問題・エネルギー問題をも改めて浮かび上がらせることにもなった。

これら激変する企業環境は経営の在り方も大きく変えることになった。経営方針、経営戦略はもちろん、ビジョンをも見直す必要が生まれてきている。経営方針や戦略の変更は当然のこと、事業のポートフォリオも大きく変え、事業戦略、さらにはこれらに対応して組織の改変も行われることになる。

人事の動きにも大きな変動が生じる。経営方針や戦略の変更、組織の改編は、先に見たように人事に大きな役割遂行を要求する。

戦略が変われば組織が変わる。当然のことだが必要とする専門能力も大きく変わり、人材確保においても新卒・若年採用や中途採用にも新たな計画が必要となる。また、戦略の変更は新たな人材を必要とし、人材は多様さを増す。

多様な人材の活用は働き方にも変革を要求する。働き方改革が言われ始めて時間が経つが、今までも取り入れられてきたフレキシブルな勤務体制や仕事の在り方と働き方に応じた雇用の仕方、そしてコロナで急速に進んだ在宅勤務、さらには移動可能なオフィスやサテライトオフィスも生まれつつある。

職場の中にあっても、最近多く見られるフリーアドレスや打ち合わせ・会議のWEB化、さらには研修も対面や集まっての講義やグループワークだけでなく、WEBによるオンライン研修などが取り混ぜて行われることが現実の姿になった。これらにはITやICTなどと言われるものの力が大きい。

そして、さらに進めば単純作業や定型作業はITやRPAへ置き換わることになるし、戦略に対応した組織、適正人員算定、効果的な配置、必要人材の要件や組み合わせ、更にはキャリア開発プログラムの策定、適性判断、後継者人材の選別などITを超えてAIがそのウエートを増すことも予測される。

逆に言えば人事に対して新たな創造性や共創性（一人ではなく皆が力を合わせること。造語）が要求され、人材活用のウエートもそちらに置かれることになる。

このようになると人事担当者の保有するデータや、ともすると偏りがちな情報の活用だけでは限界がある。そういう意味でもITやAIによるサポートが欠かせなくなる。

しかし、ITやAIといっても投資コストを考えると、どこまでというためらいも生じる。

本当にそこまでする必要があるのか。

そこで、10年後を、さらには20年後を予想したときに人事業務はどのように変化しているか、ありありとイメージしておく必要がある。常に将来を、そして全体を見ながら大きなスキームを5年先、10年先を目指して策定する。先の永い話のようだが、例えばAIを導入して変えていかなければならないと思いいたっても、実際に計画し、予算をつけて実行に移すのは簡単にはいかないのが現実である。投資という行為は業績が良いときでさえ難しいのに、ましてや予算の取りにくいときは5年ぐらいすぐに過ぎてしまう。いつでも移行できる体制を整えておくことが重要である。しっかりしたスキームさえあれば、世の中の動きや先端の動きに合わせて、自社に必要なものも見えてくる。

大事なことは、これらに振り回されて人事の本質を見失わないことである。ともするとIT化などの推進は、知らず知らずのうちに「人」を「物」として捉えてしまう傾向にある。最も戒めなければならないことである。

さて、もう一度多様な人材、多様な働き方を考えてみる。

言葉で多様というのは簡単だが本当に難しいことである。しかし、これは現実である。多様さは、構成する個人個人が輝いてこそ活きる。

ここで多様さに対するマネジメントを間違えるとパワハラ、セクハラなどのハラスメントが、本人が自覚している、いないにかかわらず起こる。コロナをきっかけとしてセクハラ、パワハラなどのハラスメントの顕著な事例も増え、喫緊な課題となってきているのも企業環境の変化により顕在化したといえる。

働き方の改革をはじめ、ＩＴやＡＩ化時代におけるマネジメントの在り方を考えるとともに、多様とは何かをしっかり認識したうえで、人事の役割とは何かを考える良い機会である。

この本では「人事の基本」について書いてきた。そして最後に、人事業務の効果的で効率的な遂行をするためにもＩＴやＲＰＡ、さらにはＡＩを活用していくことが必要であるとした。

生活環境、社会環境、企業環境と大きく変わる中で、人事に関しても大変換をせまられ、変えるべきものは多い。一方、変わらないものもあるし、変えてはならないものもある。

人事はある意味バランスである。このバランスが求めるものの基本は、企業の継続・安定・成長、そしてそこに働く人の継続・安定・成長であることに変わりはない。

一方、働く人も企業組織の中での活動、ワークとライフのバランスを自らデザインし、自立した個人としての在り方を今まで以上に追求する必要がある。ワークもライフもともに充実して初めて次のステージが見えてくる。

最後にもう一度確認したい。

組織は基本的には人と人との結びつきであり、人材は物でも機械でもない。生身の人格である。

そのような中で、皆さん自身「人事とは何か」を今一度原点に立って考えるとともに、「人事としての軸」を明確にする必要がある。先にも書いたように人事部門は経営者、部門長、社員に結びついた位置付けである。自らの軸を基本に、この3者の接点を見出すことが極めて重要である。

終わりになるが、この本の内容の不十分なところは、ぜひ皆さん自身で作り直していただきたい。どちらにしても、この激変の時期、人事の本質と先を見た活動こそが、まさに人事担当者の腕の見せどころ、大いなる活躍を期待したい。

人事担当者は、

自らの人事に対する想いをつくり、育てよ

それが人事の軸となる

以上

横山　俊宏（よこやま　としひろ）

1947年生まれ。1971年名古屋大学経済学部卒業、株式会社竹中工務店入社。能力開発、人事管理、品質管理などの職務に携わり、2000年人事室長、2004年企画室長、2006年取締役、2009年常勤監査役、2010年株式会社白青舎監査役、2013年日本コンクリート工業株式会社取締役兼執行役員、現在株式会社経営開発協会シミュレーション研究所顧問。

［著書］
『理念経営と人材育成 鍛えよ こころの免震軸 ―OJTによる軸の形成 場による育成―』（東京図書出版）
『いざ就活　自信を持って臨め　人事部長だった私からの熱き贈り物』（東京図書出版）

企業における人事とは

―これから人事部門で活躍する人に―

2021年8月12日　初版第1刷発行

著　者　横山俊宏

発行者　中田典昭
発行所　東京図書出版
発行発売　株式会社 リフレ出版
〒113-0021　東京都文京区本駒込 3-10-4
電話 (03)3823-9171　FAX 0120-41-8080
印　刷　株式会社 ブレイン

ISBN978-4-86641-436-2 C2034
Printed in Japan 2021

落丁・乱丁はお取替えいたします。
ご意見、ご感想をお寄せ下さい。